O amor não se prova

O AMOR NÃO SE PROVA

1ª edição: Novembro 2024

Autor:
Clóvis de Barros Filho

Revisão:
Gabriel Silva
Iracy Borges

Projeto gráfico:
Jéssica Wendy

Capa:
Rafael Brum

Foto de capa:
Patrícia Soransso

Impressão:
Plena Print

DADOS INTERNACIONAIS DE CATALOGAÇÃO NA PUBLICAÇÃO (CIP)

Barros Filho, Clóvis de
O amor não se prova : reflexões matinais no WhatsApp do Clóvis / Clóvis de Barros Filho.
– Porto Alegre : Citadel, 2024.
240 p.

ISBN: 978-65-5047-547-5

1. Desenvolvimento pessoal 2. Filosofia 3. Ética 4. Reflexões
I. Título

24-5147 CDD – 158.1

Angélica Ilacqua – Bibliotecária – CRB-8/7057

Produção editorial e distribuição:

CITADEL Grupo Editorial
contato@citadel.com.br
www.citadel.com.br

CLÓVIS DE BARROS FILHO

O amor não se prova

🥸 🌞 🌹 🤔 Reflexões matinais
no **WhatsApp do Clóvis** 06:00

CITADEL
Grupo Editorial

2024

Sumário

Está no ar a sua
reflexão matinal.
Eu sou Clóvis de Barros,
são seis horas da manhã
e hoje eu o convido
para refletir aqui,
junto comigo.

O amor não se prova

Outro dia almocei com um amigo das antigas. Colega de escola. Esse eu tinha encontrado recentemente. Não houve, portanto, aquele choque de quem se lembrava da pessoa em aparência de primeira juventude e se deparou, décadas depois, com outro tipo de fenômeno.

Lembrando que fenômeno é o modo como qualquer unidade de real se deixa flagrar na percepção sensorial de um observador qualquer.

Voltando ao almoço.

Lá pelas tantas, esse meu amigo disse precisar de um conselho. Como eu falo muito sobre o amor, talvez fosse a pessoa indicada. Relatou-me que sua atual companheira cobrou dele uma prova de amor. Sem essa prova, ela se sentiria inclinada a descontinuar a relação.

E ele, o meu amigo, se encontrava sem saber exatamente o que fazer.

Eu vivi segundos de perplexidade. Tentei ganhar tempo. Disse que ia pensar a respeito e que falaríamos sobre o tema oportunamente.

Às vezes isso de posar de filósofo justifica certos recuos – para suposto aprofundamento – que nada mais são do que desculpas por não ter nada a dizer.

O almoço chegou ao fim. Na hora de se despedir, ele reiterou a sua inquietação a respeito da tal prova de amor.

Fui para casa a pé. E encafifado. Lembrei-me de alguns grandes pensadores que garantiam pensar melhor caminhando. No meu caso, o espírito é indolente e pouco fértil, seja qual for a posição ocupada pelo corpo, em deslocamento ou em repouso.

A primeira coisa que me veio à mente foi mais que esperada por parte de quem passou muito tempo elaborando discursos com introduções meio genéricas.

A solicitação daquela "prova de amor" denunciava, de certa forma, os tempos em que vivemos.

Afinal, o tal individualismo de que tanto falam, cada dia mais óbvio, e a necessidade de tudo reduzir a preços de mercado não combinam muito com o mais sublime dos afetos. O interesse próprio parece organizar a existência de seus titulares da maternidade à cova.

Como se não bastasse, fica sempre mais difícil apaixonar-se loucamente por alguém outro, em particular num mundo em que as pessoas se parecem a cada dia mais.

Seja pela vida do espírito, com seus discursos formatados para aceitação em redes, seja pelos procedimentos estéticos que alisam e avolumam por igual, convertendo a topografia singular de cada rosto num design globalizado.

O amor não se deixa alinhar a essas tendências do mundo de hoje.

Ao menos não o amor erótico de quem é louco pelo outro e faz por ele as maiores loucuras. Suponho que seja mais ou menos a esse afeto que a companheira do meu amigo esteja se referindo ao solicitar-lhe a tal prova.

Pois bem. Nada no capitalismo globalizado faz pensar nesse amor. Nem mesmo a aceleração do consumo em dias dos namorados.

Pensando nessa paixão com os quatro pneus arriados, ocorreu-me uma segunda questão. E veio em forma de dúvida.

A que tipo de afeto a sua companheira estaria efetivamente se referindo? Afinal, cobrar uma prova de amor exige algum esclarecimento sobre esse último.

Na ocasião, não supus que a distinta senhora estivesse se referindo a um simples pacto de convivência amena entre ela e seu parceiro. Imaginei que o dia a dia bastaria para comprovar a existência desse tipo de enlace.

Mas, se não era isso, o que seria?

Imaginei, então, que tivesse em mente uma experiência afetiva mais radical. Mais extrema. Que justificasse uma prova tão destacada do cotidiano.

Uma experiência que tivesse por foco (foco único, como convém a um foco) a existência do outro. Do amado. Uma experiência absoluta da alteridade, para falar pomposo e lembrar dos tempos de teatro acadêmico.

Muito bem. O que esperava a requisitante da tal prova era que ela indicasse, de modo inequívoco, que seu companheiro, o meu amigo, fosse capaz dessa experiência radical da existência do outro que, neste caso, seria ela própria.

Essa experiência radical, de foco no outro, pressupõe por óbvio uma dissolução ou esvaziamento radical do eu em nome da plenitude da experiência do outro.

Eis que, então, me surgiu um terceiro problema. O da prova.

Não sei se por influência dos cinco anos na faculdade de Direito, mas me ocorreu pensar em provas testemunhais, documentais, periciais e que tais.

Ocorreu-me em seguida, pensando agora por conta própria, que uma prova é um elemento concreto (X), cuja própria existência implica a existência de outro elemento (Y). Este último sendo justamente aquele cuja existência se almeja demonstrar.

Lembrei-me das provas sobre a existência do ar, feitas ainda nos tempos da escola fundamental. O fato de que o pistão não desce completamente até o fundo do tubo em que se movimenta (X) indica a presença de algo que impede essa aproximação: o ar (Y).

Recordei-me também da matemática, dos teoremas. Partindo de algumas premissas (X), demonstrávamos o que já era previamente conhecido (Y). O que, no fim, queríamos demonstrar.

Rememorei, igualmente, as aulas de lógica. Se todo homem é mortal, e eu sou um homem (X), logo, sou mortal (Y).

Em síntese, a existência do elemento concreto X serve como prova da existência do elemento Y.

A quarta coisa que me veio à mente foi a relação entre a materialidade do afeto de amor e as condições de prova cogitadas.

Sendo o amor um afeto, uma experiência radical de alteridade que pressupõe a anulação do eu, haveria alguma realidade outra cuja existência supusesse inequivocamente a ocorrência de tal experiência?

Imaginei um presente oferecido por quem ama a seu amado. Meu amigo, neste caso, provaria seu amor com um mimo. Talvez fosse a solução aguardada pela companheira. Não haveria de ser nada trivial. Uma joia de valor, quem sabe.

Logo descartei aquela ideia. Afinal, pode-se perfeitamente gastar muito por razões outras que não o amor. É possível inclusive que esse tipo de iniciativa exista para simular o afeto que, na verdade, não existe.

Aliás, falar em anulação do eu por meio do uso de um cartão de crédito que solicita confirmação de dados pessoais por conta do montante elevado parece curioso.

Imaginei, na sequência, algo mais poderoso. Como jogar-se da ponte. Sorri porque seria uma prova que eliminaria o companheiro. Não haveria de ser esse tipo de prova a solicitada, suponho.

Ainda assim, é bom que se diga, a aniquilação do eu, neste caso, se produziria. Mas nada poderia garantir que o gesto extremo tivesse resultado de uma experiência radical de alteridade.

Fui cogitando outras situações. Até me dar conta do óbvio.

Provar a existência do ar num tubo ou o disparo de um projétil é uma coisa. No primeiro caso, trata-se de matéria. No segundo caso, de uma ação, também com sua materialidade.

Já no caso do amor, a despeito da evolução das neurociências relacionando os distintos afetos a estados cerebrais específicos, não me pareceu, naquele instante de caminhada e reflexão, que alguma unidade de real pudesse inequivocamente estar vinculada ao afeto amoroso a ponto de garantir – pela sua simples existência – a ocorrência desse último.

Cheguei em casa e mandei a seguinte mensagem ao meu parceiro de almoço:

"Desculpe, mas acho que o amor não se prova. Amor se sente e se esgota nele mesmo. Nada no mundo pode estar vinculado a ele a esse ponto. Sob pena de destruir a radicalidade da experiência que lhe serve de substância".

Talvez por isso nosso grande Jorge Amado tenha sido tão taxativo em afirmar: "O amor não se prova, nem se mede. Existe, e isso basta".

Era o que tínhamos para hoje. Se gostou, leia de novo. E se gostou muito, recomende a leitura para alguém.

Valeu!

Sinal de ocupado

O filósofo Sêneca cravou sem meias palavras: "A ignorância é a causa do medo".

Vou repetir porque você estava distraído. Ainda sonolento.

"A ignorância é a causa do medo."

Vejamos juntos o que podemos tirar dessa afirmação.

Em primeiro lugar, considerando com atenção o que diz exatamente o filósofo, o medo é causado por ignorância, mas nem toda ignorância é causa de medo.

Se é assim, busquemos ignorâncias que não causam medo. Ao acaso mesmo. Só a título de exemplo.

Eu ignoro o que vou comer mais tarde. Nem por isso sinto medo por conta dessa indefinição.

Ignoro a que horas vou dormir. E não sinto medo algum por conta disso. Ignoro, também sem medo algum, se vou usar a pasta de dente X ou Y; ignoro também a capital da Lapônia e quanto de energia é necessário para que um foguete vença a atmosfera. Nada disso suscita medo.

Há, portanto, muita ignorância que não causa medo.

Em segundo lugar, a afirmação de Sêneca não permite equívoco. Para o filósofo, todo medo, ou temor, tem alguma ignorância de braço dado. Ou seja, não há afeto de medo que não seja causado por ignorância. Ou ainda: todo medo é necessariamente causado por ignorância.

Comecemos pelo medo. É uma sensação ruim de sentir. Uma queda de potência. E essa sensação resulta de mundos possíveis que você conjectura.

É claro que se você conjectura sobre possibilidades, sobre o que pode vir a acontecer, sobre o que pode estar acontecendo naquele momento em algum outro lugar, é exatamente porque você ignora a realidade.

Por exemplo, se eu suponho em minha mente que pode fazer uma semana de chuva na praia justamente quando eu lá estarei em veraneio, é porque eu não tenho certeza sobre esse tempo ruim. Ora, eu não quero que chova. Eu tenho medo de que a chuva (de cuja ocorrência eu não tenho certeza, isto é, ignoro) arruíne meu feriado.

Ignorância, portanto. Seja porque essa realidade está longe de você, como uma tormenta que atinge pessoas queridas em outro país; seja porque vai acontecer só amanhã, como uma entrevista em processo seletivo para emprego; seja porque está perto, como um tigre que você não sabe se vai atacar; seja porque já aconteceu, mas você não dispõe de informações seguras, como no caso de um acidente aéreo com um cônjuge ou filho, ainda sem confirmação de sobreviventes.

De fato, se houvesse conhecimento, se houvesse certeza, não haveria medo. Se a desgraça se confirma, o medo dá lugar à tristeza. Caso contrário, à alegria.

Eu, por exemplo, tenho medo de não poder mais trabalhar. Esse medo me aflige. Ele advém de uma ignorância. Não posso saber hoje as mazelas que terei que enfrentar. Não sei se terei condições de saúde para continuar trabalhando. Sobretudo em um esquema que exija vigor físico, acima das minhas condições atuais.

Outro exemplo, coligado ao anterior.

Eu tenho medo de que, não podendo trabalhar, não consiga honrar os meus compromissos. Esse afeto advém de uma ignorância. Se eu tivesse certeza sobre poder honrar meus compromissos, não sentiria medo.

Agora você pergunta:

– Poxa vida, se o medo é uma broxada que advém da conjectura de mundos possíveis, que são desagradáveis, o que poderíamos fazer para combatê-lo, diminuí-lo ou mesmo eliminá-lo?

Ora, querido ou querida leitor(a). Para diminuir qualquer efeito, é preciso reduzir sua causa. Sobretudo uma causa como essa, tão necessária.

Desse modo, se o medo é efeito de conjecturas desagradáveis e incertas, cabe-nos combatê-las. Reduzir a imaginação de cenários existenciais pérfidos, a cogitação a respeito de situações de vida entristecedoras, em suma, tudo que poderia vir a aborrecer caso se tornasse real para além do pensamento.

Neste momento, você diz:

– Muitos desses pensamentos, imaginações e suposições que causam medo não resultam de uma manifestação de vontade. Não são deliberados. Eu não decido, a partir de um certo instante, ficar pensando no que me angustia. São conteúdos de consciência que se impõem. Quando eu me dou conta, já estou com aquilo na cabeça.

É claro que não temos o controle absoluto de nada e, portanto, não temos o controle absoluto da nossa mente. Estou de acordo com você. Muita coisa ruim surge na nossa cabeça sem que tenhamos em absoluto decidido sobre isso.

Ainda assim, resta-nos alguma iniciativa possível para reduzir essa afetação tão negativa. Por exemplo, não contribuir com a sua duração.

Para deixar de pensar em alguma coisa que atormenta, o mais eficaz é colocar outra no lugar. Não pensar simplesmente, tirar da cabeça sem mais, é tarefa para especialistas em meditação. No nosso caso, despreparados para zelar pela mente, resta substituir.

Assim, ao ocupar a mente com uma certa atividade, a intervenção de alguma outra coisa que lhe é alheia fica dificultada. Talvez por isso Montaigne dizia que procurava não deixar o espírito desocupado.

Porque quando isso acontecia, acabava por elucubrar desagrados.

Eu, por exemplo, não saio de casa sem o meu Kindle. Ele carrega muita literatura. Estando a mente ocupada com tramas e personagens, conteúdos amedrontadores encontram quase sempre a porta fechada. Com o sinal de ocupado do lado de fora.

Caso a cogitação que amedronta seja renhida, agarrada ao espírito como a lepra à pele, a atividade mobilizada para enxotá-la de lá deve ser de igual ou maior monta de interesse. Se você está na sala de espera de um hospital sem notícias de um amado que se acidentou, não será uma simples lista de equações do segundo grau que te protegerá do temor.

Como pegar o pombo?

Eu estava me lembrando do meu pai. Fato que acontece todos os dias. O velho Clóvis de Barros, de quem herdei o nome e toda a dignidade que tenho. Sua morte, há 25 anos, dividiu minha vida em dois. Mas isso é tema para outra reflexão.

Nessa minha lembrança ele brincava com meus filhos Martin e Raissa no parque, que muitos chamam de Trianon, que eu também frequentei desde pequeno. Fica na Avenida Paulista, bem em frente ao Masp, cartão-postal da cidade.

Meus filhos eram pequenos, 6 anos e 3 anos, respectivamente, se não estou equivocado. Eles adoravam quando o vovô pegava o pombinho nas mãos.

Com extrema facilidade. Na hora que queria. Esse feito era para eles fascinante. Não só porque eles próprios não conseguiam, como também porque ninguém mais fazia igual.

"Como pegar o pombo?"

E o meu pai ensinava: se você der na vista que quer pegá-los, não conseguirá nunca.

Martin, o mais velho, perguntou:

– Então tenho que fingir que não estou nem aí pra ele?

E meu pai respondeu:

– Não adianta fingir também. É preciso não estar nem aí de verdade. Porque se você tentar fingir, dissimular que não quer pegá-lo, querendo pegá-lo, ele percebe na hora. O pombo tem uma grande sensibilidade. Ele percebe a sua artimanha. Captura o seu fingimento.

– Então ele é mais esperto do que eu? – perguntou meu filho.

– Claro que é – respondeu meu pai. – Você tem alguma dúvida?

– Mas eles não sabem nem falar!

– Para entender a sua alma, onde está a sua vontade, não precisa saber falar. Talvez, muita prosa até atrapalhe – filosofou meu pai.

– Mas, então, como pegar o pombo, vovô?

– Você tem que de verdade se distrair com outra coisa. Só assim ele vem do seu lado. E você o pega com facilidade. É possível que ele até encoste em você, suba na sua perna.

E é incrível como dava certo. A gente se distraía com outra coisa, vinha o pombinho e era fácil apanhá-lo. Inclusive o pombinho nessas condições sequer lamentava o fato de ser apanhado. Meu pai era extremamente competente nessa arte de interagir com os animais, pelos quais ele tinha um carinho imenso.

E nesse momento da reflexão, você pergunta:

– Mas e daí? É bacana a história e tal, mas o que isso tem a ver com a Light, como dizia minha mãe? O que isso tem a ver comigo?

Eu contei essa história como uma alegoria. Isso quer dizer que os envolvidos nessa história estão no lugar de outra coisa. Com destaque para o pombo.

E você não entende nada. Levanta a mão e reclama.

Essa história de pegar o pombo representa, para mim, exatamente o que costuma acontecer com a tal da felicidade de que todo mundo fala. Se você estiver focado em ser feliz, não será nunca.

Até porque toda procura é pelo que falta. E se temos um pouco e procuramos por mais é porque esse mais está faltando. E se temos hoje, mas procuramos assegurar a de amanhã, é porque essa de amanhã, no dia de hoje, ainda falta.

Não há por que procurar o que já se tem. E mesmo que você procure o que tem, por não saber que tem, como às vezes acontece com um amor, ainda assim procura por achar que não tem. Logo, para você não tem mesmo. Porque se soubesse que tem, não procuraria mais.

Mas voltando à felicidade. Suponhamos que você procure a felicidade em plena consciência de que ela esteja faltando na sua vida. Muito bem. Saiba que isso que procura você não alcança desse jeito, procurando, isto é, tendo consciência da busca e fazendo dela uma busca consciente e estratégica.

Desse jeito você não será feliz nunca. Tal como no caso do pombinho, a perseguição pura e simples não permite agarrá-lo, nunca.

Aí você dirá:

– Bom, então eu vou fingir que não estou nem aí com a felicidade e ela vai vir até mim.

Fingir também não adianta, ensinava o velho Clóvis de Barros. Porque a felicidade e a sua mente têm uma parceria incrível, uma parceria invencível. A felicidade é a sua mente. A felicidade conhece mais da sua mente do que você mesmo, que se distrai tanto com outras coisas.

Então você dirá:

– Bom, nesse caso, se eu entendi direito o que você está dizendo, se eu tiver a felicidade como projeto não serei feliz nunca. E se eu fingir que não quero ser feliz, mas na verdade quero e estou em busca, também não vai dar certo. Mas então, como fazer?

Ora, ocupar-se com as coisas da vida, de verdade. Deixando essa história de felicidade de lado. Genuinamente, fazendo outra coisa. Genuinamente vivendo a vida. Genuinamente indo atrás de seus propósitos e conseguindo alcançá-los. A única maneira de dar certo é essa.

Aí você pergunta:

– Quer dizer que se eu não der bola para a felicidade, eu serei feliz?

Não, claro que não. Não foi isso que eu disse. Muita gente não dá bola para a felicidade e também não é feliz. Mas o único modo de a felicidade aparecer é assim, de supetão, de inopino, no improviso, quando você menos espera, quando você menos busca.

Na felicidade, a experiência vivida preenche de tal maneira a mente que não sobra espaço para mais nada. Nem mesmo para constatar quão feliz você está sendo naquele instante.

E se porventura você fizer essa constatação, é porque ela já se foi, já não se encontra. Deixando a sensação de que você foi feliz e não soube. De que era feliz e não sabia. E de que quando voltar a ser feliz, não se dará conta também.

Viva a vida, deixe pra lá essa história de ser feliz, que a felicidade em algum momento chega. Se bobear, ela até encosta em você. E sobe na sua perna.

Sem preocupação com limites

Você deve se lembrar, das aulas de História no ensino médio, de um filósofo chamado Voltaire.

Voltaire costuma ser citado, junto com Rousseau e Montesquieu, como um dos grandes pensadores em tempos de Revolução Francesa. Essa aproximação vale, desde que saibamos que eles não concordavam muito entre si. Inclusive, Voltaire e Rousseau eram inimigos declarados.

Enquanto Voltaire era um cara que se deslumbrava com o progresso, com o desenvolvimento científico, com a prosperidade das sociedades, com o luxo, com os salões parisienses, Rousseau desconfiava de tudo isso e entendia que não correspondia necessariamente a uma exuberância moral, que escondia a hipocrisia da vida social e a decadência moral de seus agentes.

Mas isso não vem ao caso. Foi só para situar.

Voltaire tem uma tirada fabulosa. Ele diz o seguinte: "Estou te escrevendo uma longa carta porque não tenho tempo de escrevê-la curta".

Essa frase gera estupefação. O mais imediato a pensar é precisamente o contrário. Quanto mais longa a carta, mais tempo tardamos para escrevê-la. Como é que você pode ter tempo de escrever uma carta longa e não ter tempo de escrever uma carta curta?

O que Voltaire está sugerindo é que quando você tem que enxugar, sintetizar, resumir, escrever com poucas palavras, manter as ideias, mas apresentá-las de maneira sucinta, isso pode demorar mais tempo do que se você o fizer sem preocupação de limites.

Eu considero essa observação genial.

Eu não sei se você já teve o desagrado de se deparar com gente parlapatona. Dessas que multiplicam palavras, usam vocábulos demais para enunciar pouca ideia, pouco conteúdo, mensagem pobre.

Não raro, servem-se de vocábulos de uso não coloquial, passando-se assim por eruditos e finos pensadores. Exemplos desse perfil não faltam na vida de todos nós. Na nossa literatura de língua portuguesa, o inesquecível Conselheiro Acácio, de Eça de Queirós. Assim como o grande Pangloss, do próprio Voltaire.

Muitas vezes, dizer as coisas com o número elegante e sucinto de palavras pode tomar muito do seu tempo. Mas é indicativo de sabedoria, de uma competência nobre do espírito, de uma capacidade de dizer com precisão e rigor aquilo que se pretende comunicar. Em respeito ao interlocutor, cujo tempo vale. E muito.

Beleza? Fica aí essa nossa mensagem de hoje. Eu vou repetir a frase porque ela é muito bacana: "Estou te escrevendo uma longa carta porque não tenho tempo de escrevê-la curta".

Pense sobre isso. Observe quanto pessoas que são cheias de si e que acreditam ser detentoras de muitas verdades também costumam ser as que usam palavras demais para dizer coisas de menos.

Sou caipira, pira, pora, nossa!

Um filósofo do século XIX chamado Hegel afirmou que o homem – e naturalmente a mulher – não são nada além do que o conjunto dos seus atos.

Vamos repetir?

O homem e a mulher não são nada além do que o conjunto dos seus atos.

Então, de acordo com esse entendimento, quem é Clóvis de Barros?

O conjunto dos atos dele. É o que ele fez na vida. Ou, no caso de ela estar mais para o fim, dizemos que é o que ele fez da sua vida. Portanto, de certo modo, se somos o conjunto dos nossos atos, é claro que somos em função do que já fizemos, e vamos sendo em função do que estamos a fazer, e seremos em função do que fizermos. Não somos nada além do conjunto dos nossos atos.

Se você parar para pensar, essa concepção de identidade faz sentido até mesmo no nosso senso comum.

Quando você encontra alguém que não conhece, esse alguém quer saber quem você é.

Você, por exemplo, está em um bar sozinho. Alguém que não te conhece se aproxima para um dedinho de prosa. Faz perguntas para saber quem você é. Ou, o que dá no mesmo, para saber com quem (ela, a pessoa) está a conversar.

Essa pessoa arranca do zero em termos de informação sobre você. Só sabe o que consegue observar naquele instante inicial do encontro. Sexo, idade aparente, está a frequentar aquele local, vestido daquele modo e nada mais.

Fará perguntas. A maior parte delas, feita nessas circunstâncias, tem por objeto suas ações no passado, suas escolhas, seus caminhos percorridos. Trabalha com o que, onde, faz exatamente o que, desde quando, estudou o que, pretende fazer o que no futuro e assim por diante.

Eu vou dizer o que costumo responder em cenários como esse.

Que trabalhei 35 anos como professor. Que trabalho na universidade X, mas que já trabalhei nas faculdades tais e tais. Que ensino ética. Que me tornei palestrante. Que falo sobre a vida boa, sobre felicidade, sobre conformidade, sobre convivência, sobre resiliência, sobre espírito de equipe, sobre confiança etc.

Se você parar para pensar, tudo o que acabei de dizer sobre mim, para informar quem sou, tem a ver com o que faço, com os meus empreendimentos no seu sentido mais genuíno, com as minhas ações.

De tal maneira que quando nós conversamos com alguém para saber quem é esse alguém, no final das contas estamos esperando que nos conte o que essa pessoa já fez e está a fazer, o que já realizou e realiza, porque esse é o seu ser. Porque não há nada a saber sobre essa pessoa além dos seus atos.

Mas aí você poderia me perguntar:

– Não somos também criaturas de virtudes? Ou de vícios? Afinal, somos honestos, ou não somos? Ora, ser honesto não é um ato; somos também generosos. Eu pelo menos me considero assim. E ser generoso tampouco é um ato; e há quem seja canalha, coisa que acredito não ser. E ser canalha tampouco é um ato...

Pois muito bem, você argumentou com inteligência. Gostei de ver. De fato, virtudes e vícios são matéria-prima pertinente para configurar a identidade de uns e de outros. Porém, o que são generosidade e honestidade senão simples conceitos? Para ser uma virtude, elas também precisam se manifestar por meio de atos.

Não faça essa cara de contemplador de antiquário. Vamos melhorar a explicação.

Tanto a honestidade quanto a generosidade (e até mesmo a canalhice) não passam de uma noção genérica, aplicável a qualquer um.

Para que elas sejam funcionais, isto é, estejam aptas, no nosso caso, a definir uma pessoa, elas precisam se objetivar, se materializar, se manifestar nas suas ações. Tanto é assim que se você disser para A que B é canalha, A te perguntará no mesmo instante:

– É mesmo, o que foi que ele fez?

Desse modo, a parte visível e concreta de ser honesto é agir honestamente; de ser generoso, agir generosamente; e de ser canalha, canalhamente. Honestidade, generosidade e canalhice nos definem porque são princípios efetivos que norteiam os nossos atos.

E mesmo se nos referirmos a atributos que, em si, não são virtuosos nem tampouco vícios, teremos que fundamentar essa atribuição com atos. Assim, o que seria ser caipira senão simplesmente agir como tal, viver como tal?

Retomemos agora, para fechar a reflexão, a frase de Hegel, citada lá no começo: "O homem [e a mulher] não são nada além do que o conjunto dos seus atos".

Saco sem fundo

Costumamos dizer, citando Platão e o seu *Banquete*, que todo desejo tem por objeto alguma falta. Afinal, desejamos aquilo que não temos e gostaríamos de ter; aquilo que não somos e gostaríamos de ser; aquilo que não fazemos e gostaríamos de fazer; o que não comemos e gostaríamos de comer; quem não beijamos (ou não estamos a beijar) e gostaríamos de beijar, e por aí vai.

O desejo, portanto, pressupõe sempre uma falta. Sendo assim, é da natureza do desejo a insatisfação. Até porque se o desejo de alguma coisa for satisfeito, isto é, o que faltava não faltar mais, esse desejo desaparece. A satisfação promovida pela posse de algo mata o desejo desse algo.

Não é uma loucura? Desejamos, nos empenhamos em obter o que desejamos e, quando isso acontece, deixamos de desejar aquele desejo.

Desse modo, o desejo – que pressupõe a falta do objeto desejado – nos empurra a eliminar essa mesma falta. Portanto, todo desejo busca eliminar a sua condição. Todo desejo busca extinguir-se na presença, na satisfação, no prazer.

Ora, pense comigo. Como chamamos os entes que, ao existir, buscam a sua própria eliminação? Daí a expressão desejo suicidário.

O que acontece depois do suicídio do desejo é que novos desejos surgem. Isto é, a vida não acaba no prazer.

Meu pai esbravejava:

– Mas você parece que nunca está satisfeito, moleque!

Porque toda satisfação é mesmo provisória, temporária e fugaz.

Talvez por isso mesmo tenhamos que aceitar nossa índole desejante.

Muitos de nós, mas muitos de nós mesmo, passamos a vida em busca da simples satisfação de nossos desejos. A vida vira um ioiô, se é que você ainda se lembra desse ingênuo brinquedinho das antigas.

Você, e eu também, deseja X, deseja X, deseja X (período em que X faz falta e há insatisfação) e – na melhor das hipóteses – obtém X e se satisfaz. O gozo dessa satisfação dura um tempinho. E, logo em seguida, você passa a desejar Y. Deseja Y, deseja Y, deseja Y (período de frustração pela falta que Y faz) e, de novo, obtém Y. Vem novamente a satisfação de curta duração, efêmera, como dizem. E logo surge o desejo por Z. E você vai atrás.

Você reparou que eu disse: na melhor das hipóteses, você obtém o que deseja. Mas esse resultado está longe de ser uma certeza.

Desse modo, a vida que segue esse protocolo só alcança duas saídas temporárias. A preservação do desejo na frustração, quando seu objeto não é alcançado. A eliminação do desejo na satisfação, quando seu objeto é alcançado. Neste caso surgem, como vimos, de pronto, novos desejos.

A psicanálise sugere uma terceira via: a sublimação. Trata-se da retirada da consciência daquele objeto de desejo não alcançado e gerador de frustração. É preciso deixar claro que essa retirada da consciência não corresponde exatamente a se livrar do problema. Porque sua presença no inconsciente continuará a produzir danos.

O que parece certo, observando nossa vida e a dos outros, é que sempre estaremos às voltas com algum desejo. É por isso que uma vida que busca a sua satisfação corresponde a tentar encher um saco sem fundo. Porque você vai enchendo, vai enchendo, vai enchendo, na expectativa da plena satisfação, com o saco completamente cheio, mas como o tal saco é sem fundo, aquela expectativa nunca é alcançada.

Só que há uma diferença. No caso de um saco qualquer, você, por mais distraído que seja, acabará se dando conta de que há algum problema. Você olha e diz:

– Pô! Do tanto que eu já botei coisa aqui, já era para ele ter enchido. Se ele não está enchendo é porque ele está vazando em algum lugar ou ele é sem fundo.

Mas, no caso da satisfação dos desejos, é um pouco diferente. Sabe por quê? Porque você pode passar a vida inteira procurando satisfazer desejos, e satisfazendo-os ou não, você não se dá conta de que não vai rolar, não vai acontecer a satisfação plena, não vai acontecer a plenitude, pelo menos não desse jeito, pelo menos não indo atrás de satisfazer desejos.

– E então? – você pergunta, aflito. – O que fazer?

Talvez devêssemos jogar a nossa atenção menos sobre o que supostamente esteja faltando e mais para as delícias, benesses e valores do que não falta mais. Sabedoria de estar bem onde se está, de estar contente com o que se tem, de estar bem com o que se é e feliz com o que se faz.

Sabedoria que sugere reconciliação com o mundo tal como ele se apresenta e, ao mesmo tempo, desdém por tudo que nos parece fazer falta. Sabedoria da beatitude de Espinosa, do *amor fati* de Nietzsche. Levantemos assim, você e eu, um brinde ao mundo, à vida, às coisas que neles já se encontram.

Burro acolhido

Vira e mexe, alguém me procura e desabafa. Diz que até tentou ler alguma coisa, mas depois de um certo tempo desistiu, interrompendo a leitura. Observa que acabou por não saber direito o que estava lendo. Com a sensação de não ter retido nada, de ter se distraído no meio do caminho, de ter pensado em outra coisa.

Eu sempre tranquilizo, respondendo que tudo isso acontece mesmo e com muita frequência. Às vezes começamos uma leitura e, por alguma razão, ela não seduz. Nossa mente, meio que do nada, é invadida por conteúdos paralelos, por vezes muito distantes da temática do livro.

Se temos um problema cuja solução nos desafia, a leitura pode até ser muito interessante, mas os dados do problema teimam em se impor, afastando nosso espírito da mensagem que estamos a ler.

Na hora em que você se dá conta de que as letras e as palavras lidas não estão encontrando abrigo em seus pensamentos, que se tornaram significantes sem nenhum significado, muitas páginas podem ter sido folheadas.

Uma leitura vazia, empreendida com os olhos da cara, mas com os olhos da alma pousados em outras paradas. Resta interromper, voltar até o ponto em que se encontrava, digamos, focado no texto; isso acontece com todo mundo.

Agora, se você me diz que leu concentradamente um texto e que no dia seguinte nada sobrou no espírito daquele conteúdo lido, é porque você se esqueceu de amarrá-lo como se deve.

Uma alegoria simpática para te manter desperto.

Você sai pelo campo, encontra um quadrúpede qualquer, um burrinho perdido, por exemplo. E você o traz para o seu quintal. Mas se esquece de amarrá-lo. No dia seguinte você constata que ele se foi.

Eu sei que essa comparação entre o conteúdo lido e um burrinho não é a que você esperava. Mas, às vezes, é preciso apelar para não te perder para o sono.

Você se interessou pela história da amarração e pergunta:

– Como é que eu faço para amarrar o que eu acabei de ler? Onde é que eu devo amarrar o meu burro?

O lugar de amarrar o que você acabou de ler, para dizer do modo mais simples possível, é nas coisas que você já sabe.

Na hora em que você gruda o que acabou de ler naquilo que já sabe, aí aquela nova ideia se sente acolhida, se afeiçoa à sua nova morada. Nesse caso, você não precisa mais se preocupar com ela; ela já se tornou parte daquele rebanho e não te deixará nunca mais.

Você pede um exemplo. Está mesmo na hora.

Digamos que você tenha aprendido, em algum lugar do passado, que moral é a atividade do pensamento que identifica limites para a ação de quem pensa com base em princípios que podem ser aplicados por qualquer um. Universalizáveis, portanto.

Aí você encontra em um livro qualquer uma definição de ética. Ora. Para amarrar essa definição de ética e não a deixar escapar mais, o melhor a fazer é se servir da moral que você já sabe.

Como fazer isso?

Você começa constatando que ambas, moral e ética, cuidam da conduta humana. E cuidam do mesmo jeito, isto é, elucubrando sobre como o humano deve agir. Ambas trabalham com valores, portanto. Com o dever ser.

Mas, enquanto a moral acontece na primeira pessoa do singular, a ética acontece em grupos específicos de convivência. Por isso, sempre falamos em ética dos médicos, dos advogados, daquela empresa etc., e nunca moral dessas categorias profissionais ou organizações.

Desse modo, enquanto a moral é uma só, a ética são várias, tantas quantos forem os grupos querendo aperfeiçoar a convivência discutindo os limites da ação de seus membros.

Você também se dá conta de que o tal princípio moral tem pretensão de universalidade, enquanto os princípios éticos têm validade restrita ao grupo considerado.

Com base nessa aproximação, eu garanto: se a moral estiver firme, a ética estará bem amarrada. Não vai mais embora.

Sugerimos, então, que você pode amarrar uma ideia nova comparando, contrastando, encontrando semelhanças e diferenças, criticando, vendo se o que você leu substitui aquilo em que você acreditava, reforça, complementa, reduz, relativiza.

É um trabalho do espírito que põe para conversar o que você sabe, isto é, consegue pensar sobre aquele tema e o que o autor do livro acaba de lhe propor.

O resultado desse trabalho é que desaparecem os interlocutores originais. Desaparece o que você conseguiria elucubrar sem ter lido e o que acabou de ler. Surge uma terceira coisa. Um terceiro saber. Que é uma nova possibilidade. Uma nova potência pensante. Uma nova capacidade de pensar sobre aquilo. Que não é a mesma de antes. E tampouco se confunde simplesmente com o que você acabou de ler.

É um tipo de amarração em que surge uma coisa nova. Bem diferente do burrinho atado no poste. Na leitura, o poste e o burrinho se fundem fazendo surgir o que não poderia haver sem os dois. Daí a garantia que temos de que o que foi lido não vai mais embora. Porque foi transformado. Porque virou outra coisa.

Você, eventualmente, pode fazer isso de maneira espontânea, dialogar com o texto. Mas você pode adquirir um novo hábito de reflexão a partir da leitura. Um método, um protocolo, que te force a sempre pôr em relação o novo com o velho, o que sabe com o que aprende, o aprendido com o estudado.

Não há texto que não mereça esse tipo de abordagem; uma abordagem criativa, transformadora, ativa e desafiadora do espírito.

Paladinos do aceitável

Temos a nítida sensação de que quando conseguimos tornar a vida do espírito um pouco mais fértil, conseguimos também pensar um pouco melhor, descolar do senso comum e avaliar criticamente o que todo mundo pensa ser certo.

Quando isso acontece e passamos a refletir sobre aquilo que não é da ordem do mais comezinho, do mais imediato, sempre causamos junto a uns e a outros um olhar de desconfiança ou até de desdém.

Nesse caso, faz sentido uma conhecidíssima frase do filósofo Nietzsche. Estamos na segunda metade do século XIX, época em que Nietzsche viveu.

Ele diz assim:

“Quanto mais alto voamos, ou quanto mais alto conseguimos voar, menores parecemos aos olhos de quem não aprendeu a voar”.

De fato, aquele que, diante de uma pessoa ilustrada, de vida rica do espírito, capaz de reflexão profunda com níveis de abstração avançados, aquele que diante de alguém assim reconhece o seu valor, é porque tem alguma noção de como decolar, ou ao menos de como dar os seus pulinhos. Tem alguma ideia de como bater asas porque já andou por aí abstraindo, pensando e fazendo o espírito se erguer.

Agora, quando o indivíduo é chucro de pai e mãe, é cru e rasteiro, quando nunca foi além da mera repetição daquilo que o obrigaram a engolir, aí aquele pássaro lá no céu voando alto, esse terá perdido completamente o seu valor pela sua pequenez; tão alto, tão pequeno, tão franzino, tão distante, tão parco de envergadura, por voar tão alto.

Fica claro, perante todos aqueles que não aprenderam a voar, quanto mais alto voarmos, menos valor teremos.

Naturalmente que essa afirmação de Nietzsche torna a vida em sociedade complicada.

A julgar pela sua proposta, de duas, uma:

Num primeiro caso, você diz aquilo que está alinhado ao que a galera pensa, ao que todo mundo pensa, ou ao que todo mundo consegue entender. Você chafurda com os outros naquela mesmice. Em contrapartida, nesse caso, você ganha ouvintes, seguidores, auditório, plateia e, por vezes, legitimidade e prestígio.

Entretanto, ainda nesse caso, seu espírito padece, apequena-se, encrua. Habitua-se ao mesmo, à mera repetição, ao já sabido, ao que funciona. Nesse caso, quanto mais tosco o auditório, mais simplório terá que ser o discurso. Mais acanhado será o pensamento.

No segundo caso, você descola do senso comum. Alça voo, busca ilustrar-se, lê, estuda, reflete, analisa, propõe, pondera, contrasta, avança, abstrai, elevando dia a dia mais e mais a sua mente. Nesse caso, o espírito agradece. Em contrapartida, a vida em sociedade tende a se tornar reclusa.

Sim, reclusa. Porque de tanto constatar o desdém e a desconfiança de outrem, a tendência é ficar na sua, isolar-se, evitando assim encontros tristes com os fiscais do senso comum, com os xerifes da mediocridade, com os paladinos das opiniões aceitáveis.

Quem não aprendeu a voar, quando contempla alguém voando muito alto, parece-lhe tão pequeno, tão sem valor. Mas se vier a atribuir-lhe alguma importância, é porque certamente já está arriscando os seus primeiros voos também.

Amor, apesar de tudo

Muitos, muitos mesmo, buscam o tempo inteiro o reconhecimento, a aceitação e o aplauso do outro. O aplauso de alguém específico, ou o aplauso da maioria. Para isso, passam o tempo elucubrando a respeito do que possa vir a agradar. Em muitos casos, essa busca termina em opiniões, em discurso. Tenta-se seduzir e ganhar adeptos falando ou escrevendo.

O leitor poderia supor que esse aplauso adviria, necessariamente, da inteligência, originalidade e interesse do que é dito ou escrito. Mas, muitas vezes, o discurso fino não é a especialidade da casa.

De fato, pensar e enunciar ideias interessantes exige um investimento na vida do espírito bastante custoso. Nesse caso, é preciso obter o reconhecimento sem precisar falar nada de muito interessante.

Por conta disso, alguns rumam para o grotesco. Continuam apostando no discurso, mas adotam a estratégia de dizer o inesperado, o deslocado, o absurdo, o sem sentido, o descabido, o chulo, o aviltante, o vil.

Para funcionar, essa estratégia esbarra em dois problemas.

O primeiro é o auditório. Se essa busca por reconhecimento e distinção se der em sociedade que aplaude o grotesco com facilidade, então tudo bem. Mas esse pode não ser o caso.

Segundo problema. Para obter a atenção de gente acostumada a ser estimulada com o grotesco, é preciso apelar cada vez mais. Estímulo de igual intensidade já não bastará. Não será com sutileza que se logrará seduzir gente cascuda e embrutecida.

Resta seduzir sem palavras. Comunicando sem som e sem abstrações. Nesse caso, muitos se oferecem ao consumo por meio de seus corpos. A vantagem é que não precisa pensar demais, passar a vida estudando e lendo, ficar dando tratos à bola para ter algo relevante para dizer.

A dificuldade é que muitos já se deram conta do caminho. As academias estão lotadas. E tem uma a cada esquina. No entanto, não tem aplauso para todo mundo. Reconhecimento positivo é biscoito fino e prêmio raro.

De modo que, para se destacar com o corpo numa sociedade fitness é preciso estar trincado no último, zerado em gordura ou ser dotado de atributos de natureza que muito têm a ver com o acaso da genética e bem pouco com alguma iniciativa de vontade, mérito ou esforço. Sorte de quem os tem.

Há um problema nessa busca obsessiva por aplauso: a escravidão.

Sim, a escravidão. Afinal, quem aplaude é o outro. E aplaude se quiser. Como quer e quando quer. Abre-se mão da liberdade em troca da aceitação.

Há uma variante do caso acima que também sempre me interessou. Os que buscam ser amados a qualquer preço. De certo modo, esse caso é mais radical do que o primeiro.

Os carentes de amor procuram identificar que tipo de atributo em si mesmos pode despertar o amor do outro. Uma vez feito o diagnóstico, alguns constroem uma personagem, caprichada nesses atributos, convertendo-se num ser fake, mas supercompetente para provocar o afeto amoroso junto a suas vítimas.

Bacana. O problema é que, de novo, estamos nos oferecendo como produto, num mercado afetivo altamente competitivo, como sendo quem não somos.

Se der errado, fica o gosto amargo de não ter simplesmente jogado limpo e se apresentado pelo que se é ou pensa ser. Quem pode garantir que o resultado não teria sido melhor?

Por outro lado, se der certo, seremos consumidos, por algum incauto e carente, pelo que nunca fomos. Haverá amor do outro. Bingo. Meta batida e resultado alcançado. Mas não por nós, propriamente.

Eis o problema.

O de sermos amados por aquilo que não somos. O que nos obriga, para conservar esse amor, a agir e, portanto, viver, em desalinho conosco mesmos. Para usar um termo da moda, em desconformidade com nosso eu mais profundo. O que não é nada fácil para os que acabam se constrangendo com tanta falsidade sobre si mesmos.

Por isso, talvez seja mais simples agir de acordo com o que se é, manifestar ser quem se é. Essa iniciativa sincerona pressupõe respeitar a sua natureza, as suas inclinações, como também os seus valores, as suas crenças, aquilo em que acredita de fato como precioso e como valioso na vida.

Colocar as cartas na mesa e abrir o jogo desde o primeiro olhar; "olha, este aqui sou eu!". Dá-se, nesse caso, a quem quer que seja, a oportunidade de te conhecer de maneira clara, autêntica, verdadeira.

Claro que esse seu jeito poderá causar repulsa em muita gente. Acontece. Haverá sempre quem não nos suporte. Ou simplesmente não se deixe encantar pela nossa presença. Quem nos tome por trivial, banal, uma usina de indiferença. Um autêntico picolé de chuchu.

Mas pode haver quem se encante. E, nesse caso, um encantamento em conformidade, isto é, pelo que você é de verdade. E quando isso acontece, é uma maravilha. Você não precisa teatralizar pelo resto da vida. Você pode continuar sendo quem é, simplesmente.

Finalmente chegamos aonde queríamos chegar desde o começo desta reflexão. Na frase de Victor

Hugo, extraordinário escritor francês, conhecido autor de *Os miseráveis*.

Ele diz:

"Felicidade suprema é ser amado pelo que se é".

Eu acrescentaria: "Felicidade suprema é ser amado pelos nossos reais atributos".

E Victor Hugo complementa: "A felicidade suprema é ser amado apesar de quem se é".

Isso porque somos entes complexos. Se alguns de nossos atributos são positivos, outros são francamente negativos.

Por isso, o escritor insiste: ser amado apesar de quem se é. Apesar de nossa imperfeição, de nosso oscilante humor, de nossos fracassos, de nossas frustrações, de nossos traumas, de nossos ressentimentos, de nossas dores.

Eis a suprema felicidade. Continuar sendo amado apesar de quem se é.

Ignorância que cai bem

Neste fim de semana lembrei-me de uma colega da faculdade de Direito. Sentava-se ao meu lado. Curiosamente, muitos de nós nos sentávamos no mesmo lugar ao longo de todo o ano. Desse modo, ela foi minha vizinha durante o segundo ano, terceiro e quarto semestres.

Essa colega era uma pessoa muito bacana. Consciente dos princípios que regiam a sua vida. Tinha claro o que para ela tinha e não tinha valor. Era incapaz de deslizes morais, fosse em seu discurso, fosse em suas práticas. Agia estritamente de acordo com o que afirmava ser seu código de conduta. Aos olhos de muitos, era rígida e intransigente. Mas eu tinha grande admiração pela sua coerência e firmeza.

Como se não bastasse, era muito apetecível. Dotada de significativo capital estético. Eu a via cortejada por todos os mais galantes da classe. Mas ela não lhes dava muita trela.

Comentava comigo que seus admiradores não pretendiam nada mais do que a levar aos lençóis. Que ignoravam e, portanto, desprezavam, o que para ela era o mais importante em sua vida. Seu modo de viver, de pensar, de sentir e de atribuir valor às coisas do mundo. As coisas da alma, acrescentava eu, para a sua imediata concordância enternecida.

Costumava lhe dizer que não aprovava aquele assédio tão diário, tão repetitivo, de meus colegas. Que jamais faria o mesmo (até porque sabia que era ineficaz), mas que entendia muito bem por que todos eles se empenhavam tanto na hora de lhe fazer a corte. Afinal, como disse, tratava-se de jovem que quando contemplada embevecia a mais de um.

Tudo isso só para situar você. O que me fez lembrar dela neste final de semana não foi nada disso. Mas sim o fato de que, para além de toda a sua estrita postura moral, ela sempre destacava em sua conversa algum fato incômodo. Era uma usina de más notícias.

Tinha especial tendência a anunciar o que não era alegrador. Desde os assuntos da agenda pública, toda catástrofe merecia grande ênfase em seu discurso, mas também (e era isso que chamava mais a atenção) em relação aos temas da nossa agenda estudantil.

Assim, o boato de uma prova difícil, uma correção mais rigorosa, um prazo curto para um trabalho demorado, uma lista de notas baixas, e por aí ela ia, sempre com algum fato novo e azedo, rebaixador da potência de qualquer um.

Finalmente, destacava em sua agenda familiar e privada tudo que lhe parecia devastador, apequenador e triste.

Tudo isso tinha seu lado positivo. Ao seu lado, era difícil ser pego de surpresa. Como se não bastasse, era pessoa sempre indignada ante as injustiças e iniquidades da vida social. Mostrava-se genuína e sinceramente incomodada com tudo que não lhe parecia justo. Parecia querer mudar o mundo, corrigi-lo ao seu modo.

Tudo isso me parecia muito interessante. Até mesmo atraente.

Pretendia revolucionar, fazer justiça. Era uma lutadora, pouco disposta a baixar a guarda diante de canalhas poderosos. Atributos que, naquele tempo, estudantes de Direito faziam luzir aos quatro ventos como sendo os reais motivadores de sua escolha acadêmica.

Mas, a despeito desse lado positivo indiscutível, há que admitir que, ao longo dos dias, semanas e meses, a mesma toada de tamanha crueza, buscando estar sempre a par do que há de pior, a mesma indignação a top e um repetido cacoete de nunca comentar nada de propriamente auspicioso acabava, digamos, por cansar.

Nos dias em que eu estava borocoxô, com a potência de existir em baixa, conversar com ela representava um adicional de tristeza desnecessário. Era tão difícil que eu dava uma evitada. Chegava atrasado do intervalo de propósito, por exemplo, para ter que me sentar mais perto da porta a fim de não atrapalhar a aula dirigindo-me até o fundo da sala onde nos sentávamos.

Foi disso que me lembrei nesse domingo, enquanto o futebol me entediava com gosto. Acabei chegando à conclusão de que, em alguns momentos, eu não queria saber tudo o que ela tinha para me dizer; por mais que prezasse pela sua amizade e tivesse por ela grande admiração.

De fato, não queria estar sempre a par do que ela tinha para informar. Não queria ser informado daquilo. Já tinha alcançado o limite de realidade nefasta que meu espírito conseguia assimilar.

Acabei constatando, quarenta anos depois, que tinha, ante uma realidade entristecedora, um certo nível limite de suportabilidade. Que, depois de certo ponto, eu não queria mais saber. Que a ignorância se me apresentava como protetiva da vida. Dos afetos. Das sensações. Da potência.

Afinal, pensando bem, estar a par de todas as mazelas do mundo e considerá-las a ponto de se deixar afetar como corresponde pode ensejar tristeza definitiva. Ora, como somos, todo o tempo, um esforço para perseverar no próprio ser, tem horas que é preciso proteger-se dessa realidade, lutando pela sua ignorância, brecando o conhecimento do mundo.

Onde está o interesse do que estou dizendo?

É que a tradição filosófica jamais aceitaria tal estratégia de vida. Que toda busca de felicidade defendida pela filosofia só pode se dar pela verdade, para a verdade e na verdade.

Desse modo, qualquer bálsamo ou unguento, garantidor de uma vida um pouco mais tranquila, com a alma pacificada, que pressupusesse dar as costas para o mais pleno conhecimento do mundo, seria intolerável. Que não há vida boa na ignorância ou na mentira.

Ficamos com esse abacaxi na mão. A filosofia não parece aprovar minha estratégia de dar um refresco no realismo brutal da minha colega de faculdade.

Mas, felizmente, os filósofos não fazem coro, não tocam em orquestra e não concordam em quase nada entre eles. Ainda bem. Sempre encontraremos algum para salvar nossas piruetas.

Desse modo, concluo esta reflexão com uma frase do Nietzsche que não tenho aqui para escrever e não decorei com o rigor que merece. Mas ela diz mais ou menos assim: "A sabedoria impõe limites até para o conhecimento. Tem coisas que eu absolutamente não quero saber".

Sim, você leu bem. O grande Nietzsche, apiedado da minha condição, veio em meu socorro. Leiamos novamente: "A sabedoria impõe limites até para o conhecimento".

Lembrando da minha colega, não poderia concordar mais.

Miguel Maria, encarnado da Régua

Decidi viver de modo a passar, ao longo do ano, alguns meses no Brasil e outros em Portugal. Para quem me pergunta por que Portugal, eu respondo que as razões são estritamente afetivas. Gosto de lá. Lá me sinto bem. Lá a vida é leve. E a alma sorri em paz.

Desse modo, não me dou ao trabalho de elaborar outras justificativas, elencar mais argumentos, embora alguns sejam bem fáceis de supor. Portugal é uma questão de afeto. E isso para mim basta.

Por passar tempos por lá, acabei conhecendo pessoas que lá vivem. Portugueses e forasteiros como eu. Dentre os primeiros, destaco nesta reflexão o meu amigo Miguel Maria.

Miguel é um homem virtuoso. Pensa bem sobre a vida e vive de acordo com seu pensamento. Vê virtude em agir generosamente e, por isso, vive generosamente. O mesmo para a coragem, temperança, justiça, honestidade e tantas outras. Mas no que diz respeito à nossa amizade, é mesmo a generosidade a virtude que ganha maior cor.

Você pergunta: mas esse seu amigo Miguel não tem nada de ruim?

Tem sim. Embora nortenho, nascido na Régua e morador da cidade do Porto, Miguel tem a estranha adesão afetiva ao esquadrão encarnado do lisboeta bairro de Benfica. O que é bastante desagradável para alguém como eu que, por ter escolhido o Porto como morada, sou azul e branco de ir ao Dragão em metrô e voltar celebrando a pé até Senhora da Hora, aos gritos de Porto, Porto, Porto, Porto, subindo uma nota musical a cada portada.

Tirante esse desacordo, nada mais de negativo me ocorre.

Retomando.

Miguel se dispõe a resolver os problemas que a minha ausência temporária sempre impõe. Por isso, ocorreu-me, para facilitar os processos, deixar com ele algumas folhas em branco com a minha assinatura. Para que ele as preenchesse com o que fosse preciso; uma procuração, uma diligência qualquer. Deixo assinado e assim autorizo Miguel a agir em meu nome segundo seu inteiro discernimento.

Muita gente me diz:

– Caramba, mas é preciso ter muita confiança nesse seu amigo.

Quando falam em confiança, eu imediatamente respondo:

– Claro, confiança é mesmo isso; certeza sem ver, certeza estando de longe, certeza a respeito de coisas que não aconteceram ainda, que não podemos demonstrar nem verificar.

Portanto, confiar em alguém tem que ser sempre desse jeito, no escuro. Aquele que precisa de luz para confiar não confia, mas desconfia. A confiança é sempre cega.

Da confiança à fé. Aquele que tem fé em algum tipo de absoluto é aquele que entrega uma folha em branco para que esse absoluto, um Deus, criador, um Deus transcendente, ou o próprio Universo, o cosmos, preencha as linhas da existência como quiser.

Pense comigo.

Se entrego tantas quantas forem as folhas ao meu amigo – porque é meu amigo e eu confio em meus amigos porque justamente são meus amigos; que nada tem de absoluto porque é só meu amigo, nossa amizade é relativa à minha existência –, o que faria você no caso de ter fé em um absoluto se não fosse para lhe entregar todas as folhas em branco de cada dia de sua vida para que esse absoluto nelas escrevesse todas as peculiaridades da nossa caminhada?

Assim entendo a fé. Entregar sem reservas um caderno inteiro de folhas em branco para que o absoluto no qual temos fé possa ali registrar, como bem quiser, todos os detalhes da nossa existência. Sem que saibamos ou possamos saber nem como, nem quando, nem onde e menos ainda por quê.

Um homem de paradoxos

A frase é de Rousseau: "Prefiro ser um homem de paradoxos a ser um homem de preconceitos".

Um homem de paradoxos, em que consistirá isso?

Um primeiro sentido da palavra paradoxo é algo que diverge, é algo que contrasta, que discrepa da opinião da "doxa", uma para-doxa. É descolar da opinião pública dominante, do senso comum, do que a maioria pensa, do que todo mundo pensa. É olhar para tudo isso criticamente.

Hábito corajoso porque o senso comum se defende bem, protegido pela maioria. A chance de esbarrar em gente agarrada na doxa e disposta a ofender ou mesmo agredir em nome dela é grande. Não faltam exemplos de mártires do paradoxo. Sócrates, pai fundador da nossa filosofia, é o exemplo que me ocorre em primeiro lugar.

Por outro lado, cabe uma ressalva. Nada garante que o discordante, em paradoxo, esteja mais próximo da verdade, ou tenha razão, como se diz por aí. A mera discrepância do senso comum não é garantidora de bom pensamento. Submeter o que todo mundo acha certo a uma dúvida ou a uma crítica é louvável, mas é só o primeiro passo. Daí a propor algum pensamento consistente são outros quinhentos.

Eu darei um exemplo lindo, citado aos quatro ventos, a frase de Oscar Wilde: "A natureza imita a arte".

Trata-se de um maravilhoso paradoxo. E por quê?

Ora, pensemos juntos. O que as pessoas costumam pensar e dizer é que a arte imita a natureza. Afinal, a arte é o homem que faz, a natureza esteve sempre por aí, bem antes de toda arte. Como poderia a natureza imitar a arte se ela lhe é anterior? Como poderia a natureza imitar a arte se ela existe para além das obras de arte? Como poderia a natureza imitar a arte se a natureza se reproduz a partir de leis que nada têm a ver com a produção artística?

Por tudo isso, é mais fácil aceitar que o homem, ao fazer arte, imita a natureza.

Quando Wilde afirma que "a natureza imita a arte", propõe uma inversão em face do senso comum, ao que é mais imediatamente cogitável, ao pensamento que está mais na mão, mais óbvio, mais aparentemente verdadeiro.

Essa inversão pode ser esclarecedora por quê?

Porque indica que a nossa visão da natureza é influenciada pela visão que os artistas têm dessa mesma natureza. Depois de uma certa hora contemplando a arte, você passa a olhar a natureza um pouco do modo como os artistas também a olham.

Ao dizer que "a natureza imita a arte", Wilde sugere que a nossa visão da natureza, isto é, a natureza para nós, na nossa perspectiva, no nosso olhar é impactada pelas nossas experiências de arte que, por sua vez, expõem o olhar artístico sobre essa mesma natureza.

Veja que, agora, a arte veio antes. Ao contemplarmos a natureza, o fazemos a partir de um olhar treinado e moldado pela contemplação da arte que a antecedeu.

Eis aí um exemplo de paradoxo.

Num outro sentido bem diferente desse que acabamos de apresentar, o paradoxo também significa uma contradição interna ao próprio pensamento, uma contradição entre o que o indivíduo pensante pensa em um momento e o que pensa no momento seguinte.

Nesse caso, uma vez diagnosticada a contradição, surge a necessidade de dirimi-la. Quando duas afirmações opostas e excludentes entre si ocupam o mesmo espírito, este busca suprimir a contradição, encontrar uma solução lógica, seja pela eliminação de uma das afirmações, seja pela eliminação de ambas.

Toda contradição da qual o espírito se dá conta enseja um afeto negativo, perturbador, proveniente do que os psicólogos denominam "dissonância cognitiva".

Então veja: de acordo com o que expusemos, o paradoxo parece ter dois sentidos muito distintos. De um lado, oposição ao senso comum e, de outro, contradição interna, impasse lógico no interior do próprio pensamento.

Podemos agora voltar à frase de Rousseau. "É preferível ser um homem de paradoxos do que um homem de preconceitos."

Ser um homem de paradoxos, segundo o que acabamos de expor, ou é submeter a doxa ao crivo crítico ou é lutar para eliminar contradições no interior do próprio espírito. Parece tudo bem razoável até aqui.

Mas, para a plena compreensão da frase de Rousseau, ainda temos um problema. Um homem de preconceitos. O que isso quer dizer?

O que é preconceito? Preconceito é afirmar antes de pensar; é saber antes de refletir; é uma certeza afirmada para si, ou para os outros, que antecede a própria reflexão crítica sobre o tema.

Todo preconceito merece uma análise sociológica. E por quê?

É evidente que, em termos cronológicos, todos nós começamos a falar antes de saber pensar. Que a fala resulta, em primeiro lugar, de imitação, de reproduções mecânicas. Só bem mais tarde vamos aprender a submeter os nossos conceitos a uma reflexão de tipo crítico.

Isso quer dizer que toda a matéria-prima que nos vem à mente em termos de pensamento, esse arsenal de símbolos que usamos para pensar, como as palavras, pois bem, toda essa matéria-prima nos chega dos outros.

Ora, quem são esses outros, de carne e osso? São as pessoas que estão por perto. E essas pessoas que estão por perto, que poderiam ser outras bem diferentes, têm seus modos de pensar, bem como suas filiações sociológicas. Sexo, idade, grau de instrução, classe social etc.

Sugerimos, então, que a vida dos espíritos começa no puro preconceito. E alguns desses espíritos conseguirão descolar. Ganham autonomia e pensam por conta própria. Chegam até a entender a origem social de seus modos de pensar, bem como as condições da sua emancipação.

Acho que agora temos alguma condição de atribuir sentido ao que propôs Rousseau lá no começo da nossa reflexão. "Prefiro ser um homem de paradoxos a ser um homem de preconceitos."

E o pensador de Genebra vai além: "Prefiro me opor ao que dizem os outros paradoxos a simplesmente reproduzir o que dizem os outros preconceitos".

Pacote de pão de forma

Quero falar sobre bondade. Foi o que primeiro me veio à mente ao despertar. Talvez pelo voluntariado à flor da pele. Pela campanha de coleta de alimentos junto aos amigos para os devastados pelas enchentes.

Vamos começar pelo mais simples. Quando o chão resvala, para ter alguma firmeza é preciso encurtar a passada. Em primeiro lugar, a bondade é um atributo de humanos. E só de humanos.

O que quero dizer com isso?

Que um carro pode ser bom porque é útil ou confortável para nós. Mas nem por isso há nele alguma bondade. Como diria a criança esperta, o carro é bom, mas não é bondoso. Aliás, não há bondade em inanimados.

Quero dizer também que plantas e animais são o que são. Alguns são lindos, delicados, fofos e o que mais sugerirem. Isso tudo, aos nossos olhos. Já por eles mesmos, plantas e animais são o que são. Vivem regidos pela sua natureza. Os animais, pelos seus instintos. Esforçam-se para perseverar em seu ser. Lutam por sua sobrevivência. Mas não há bondade alguma em suas vidas.

Quero dizer, em terceiro lugar, que alguns atributos de um humano podem coincidir com não humanos. Um homem pode ser belo, mas uma ave também. Um homem pode ser grande, mas um elefante, ainda maior. Um homem pode ser ágil ou forte, mas um leopardo o supera com facilidade.

Já no caso da bondade isso não acontece. Um humano pode ser bondoso. Nem todos o são, por certo. Mas só os humanos podem sê-lo.

Mas ao dizer que humanos podem ter bondade, do que precisamente estamos falando? Se eu digo que João é bondoso, o que precisa existir em João para isso? Onde está essa bondade? Como se manifesta?

Bem, sabemos que não se trata de nada relacionado ao corpo. João tem pâncreas e estômago.

Mas a bondade parece estar longe daí. Maldosos também os têm.

Talvez o problema esteja no fato de que a bondade não seja um atributo de João propriamente. Se assim fosse, João teria que sê-lo da maternidade à cova. O que não acontece. Ninguém é bondoso em todos os instantes da vida. Até mesmo as pessoas mais especiais da nossa humanidade tiveram seus instantes menos confessáveis.

Desse modo, a bondade não é propriamente um atributo de João, ou pessoa humana. Ainda que, para o senso comum, a atribuição da bondade a João faça todo o sentido.

– João é um cara bondoso.

Tal afirmação atende bem às necessidades de comunicar, de modo meio genérico ou impreciso, que João, naquilo que mais se sabe dele, nas vezes que sua vida mereceu algum holofote, foi uma pessoa bondosa.

Mas se formos buscar uma pitada a mais de rigor, perceberemos – até sem muito esforço – que a bondade é um atributo da ação. Esta, sim, em definitivo, pode ser marcada pela bondade.

Assim, Diva participou de intenso trabalho voluntário coletando mantimentos para os vitimados de uma catástrofe natural. Agiu com bondade, nesse caso. Mas a mesma Diva sugeriu ao filho, o famoso Feitosa, que sua noiva Edileusa o traía, porque nunca foi com os cornos da dita cuja. Sabia tratar-se de uma imputação falsa. Agiu, como mãe, sem nenhuma bondade, portanto. Perceba que, nesse caso, Diva agiu bondosamente como voluntária, e maldosamente como conselheira do filho. Desse modo, não faz nenhum sentido vincular a bondade a Diva. E sim às suas ações.

O leitor se pergunta: se o que tem bondade ou não é a ação humana, quando é que isso acontece? Ou seja, que características essa ação tem que ter para ser atrelada a alguma bondade?

Bem, a bondade de uma ação não pode ser identificada por completo na própria ação, na objetividade do gesto ou do movimento. Em outras palavras, a bondade não está naquilo que o agente fez, propriamente.

A bondade é um atributo da intenção. Ou seja, depende do que pretendia o agente quando decidiu por uma ação e não por outra. E o que ele pretendia é coisa de pensamento. Só ele mesmo pode ter certeza a respeito.

Agostinho nos ensina que o que caracteriza de fato a bondade não é exatamente o que fazemos, mas o motivo pelo qual nós fazemos. Em outras palavras, podemos agir muitas vezes com uma motivação egoísta, mas uma ação que supostamente é uma ação de benfeitoria para alguém, e nesse caso não há bondade nenhuma.

A bondade está na razão ou no motivo pelo qual agimos. Se o motivo for a alegria do outro, então há bondade.

Você que me lê não cede terreno. Quer fuçar mais. Agora que estamos metidos nesta, vamos até onde der.

E você pergunta de novo:

– No caso da bondade, o que é que deve passar pela cabeça do agente? O que ele deve pretender com a ação? Qual deve ser a sua real intenção?

Ora, a bondade é atributo da intenção do agente, mas que se completa no outro. A ação bondosa é sempre para o outro. Não há bondade sem alguém mais, além do agente bondoso, para colher seus frutos. Ação boa é aquela que realiza o bem para quem por ela é impactado.

Vamos imaginar que você encontre, na porta do supermercado que costuma frequentar, uma família com crianças etc. Aquela família pede comida, afirma ter fome.

Então, você entra no supermercado e compra o que tem que comprar para você. Mas também compra alimentos para aquela família, sobretudo pensando nas crianças. Você paga tudo e entrega o alimento. Recebe os agradecimentos e vai embora.

Nesse caso, a pergunta é:

– Houve bondade?

Você, que agiu desse modo que acabo de relatar, dirá que, inequivocamente, sim, houve bondade. Afinal, você deu de comer a quem tinha fome. Parece não haver dúvida a respeito.

Pois é. Parece mesmo. Mas podemos analisar com mais calma. Como vimos, para configurar a bondade, não é dar a comida o que mais importa, mas sim o motivo genuíno pelo qual você a ofereceu.

Nesse caso da sua ida ao supermercado, você poderá ter dado a comida, de fato, para aplacar a fome do outro. Nesse caso, terá havido bondade.

Mas você pode ter dado a comida, na verdade mesmo, não pelo outro e sua fome, mas para se livrar da chateação daquela solicitação. Para não ter que passar por ali de novo com as sacolas cheias e ouvir outra vez aquela ladainha daquelas pessoas informando com drama seu estado famélico.

Desse modo, ao oferecer algum alimento, você se livra daquele constrangimento e volta para casa em paz.

Veja que, nesse caso, você deu o alimento do mesmo jeito. Mas por outros motivos. O que desconfigurou a bondade da primeira situação, em que a fome dos mendicantes foi a sua genuína preocupação.

Você também pode ter dado a comida para aplacar uma culpa que é sua por viver em uma sociedade tão injusta, onde alguns têm tanto e tantos outros não têm nada.

Nesse caso, o verdadeiro motivo de ter dado a comida tampouco foi a fome da criança que pedia, mas a sua própria culpa. E a necessidade psicológica de aplacá-la. A sua necessidade. O seu desconforto. O seu drama de consciência. Tudo isso a ser resolvido com um pacote de pão de forma e algumas fatias de presunto e queijo.

Sempre acho graça quando os portugueses chamam o veículo Kombi de pão de forma. Sempre fui um apaixonado por Kombis. E não é que parece mesmo?

Lembro-me de que, ao embarcar em aeronave para voo doméstico, o piloto comandante logo tomou a palavra pelo alto-falante para dizer:

– Temos entre nós, entre os passageiros, o professor Clóvis, autor da *Vida que vale a pena ser vivida*, do gato Epaminondas, do podcast *Inédita Pamonha* e tal. Eu, se fosse você, aproveitava esse momento para tirar uma foto com ele.

Terá havido bondade por parte do comandante?

Em um primeiro momento, admitamos que ele fez uma homenagem. E uma homenagem é sempre uma dádiva, uma doação, uma doação de capital simbólico, uma doação de reconhecimento.

Mas ele pode ter agido para se promover, dizer que conhece, que lê, que é leitor, que se interessa por conhecimento nobre como a filosofia. Nesse caso, teria aproveitado o ensejo para, junto a sua tripulação, posicionar-se como merecedor de distinção, detentor de capital intelectual superior, alguém que se preocupa com coisas elevadas. Nesse caso, não terá havido bondade alguma.

Como você percebe, não é através da ação que descobrimos a bondade, mas sim da motivação genuína de quem age. Porque toda e qualquer conduta poderá carregar consigo bondade ou não, dependendo do que pretendia o agente.

Eita, coisa linda!

Mas como nunca sabemos, ao certo, qual é a motivação do agente, porque dependemos das suas declarações, das suas manifestações, que podem muito bem ser falsas, a bondade será sempre um mistério, um ponto de interrogação, uma simples suposição, enigma para deuses, que tudo sabem, porque passeiam à vontade pela mente das pessoas e flagram com facilidade a sua eventual boa vontade.

O segredo dos seus olhos

No final das minhas palestras costumo sugerir que um instante de vida feliz é aquele que, se não acabasse tão cedo, nos faria muito bem.

Quero dizer com isso que qualquer pessoa que esteja a viver um instante de vida feliz continuaria a vivê-lo de muito bom grado. Faria muito bem a ela que aquela experiência seguisse. Durasse. Não se interrompesse.

Não se trata de viver um instante maravilhoso e temer que se interrompa. Esse temor acabaria por arruinar o instante.

Um exemplo: um beijo na pessoa amada é feliz justamente quando seria lindo se durasse. Mas, para que seja realmente feliz, você não pode ficar pensando na sua eventual interrupção. O que causaria temor. Tampouco na sua eventual continuidade, é bom que se diga. Porque toda esperança é envenenada pelo medo da ocorrência não desejada.

Desse modo, toda conjectura sobre a duração do beijo, carregada de incerteza, despertaria uma ansiedade a respeito da quantidade de tempo que aquela experiência efetivamente duraria.

Por isso, um beijo feliz é um beijo que poderia durar muito, mas, ao mesmo tempo, um beijo cuja duração não é pensada. É beijo vivido, simplesmente.

Trata-se de um instante de vida em que o mundo encontrado e em relação conosco captura nossa consciência, preenche nossa alma e torna aquela experiência como que retirada do tempo. Um instante de vida em que a consciência é de tal modo preenchida pelo mundo que não sobra lugar para a constatação consciente de um eu que está ali a vivê-la.

Eu gosto de dar o exemplo do filme *O segredo dos seus olhos*, com Ricardo Darín. Quando o filme acabou, eu lamentei muito. Mas até esse instante do seu término, a minha mente se encontrava completamente absorvida pela trama. Sem espaço para pensar a respeito do seu fim, ou de qualquer outra coisa. Desse modo, desapareceu do espírito um eu que se encontrava no cinema, em tal lugar da cidade, com um certo alguém, em período vespertino, que tinha compromisso para o jantar, que teria semana atribulada pela frente etc.

A felicidade de que estamos falando exige plenitude e contentamento com o instante presente. Não corresponde, portanto, a nenhuma consciência da interrupção iminente de si própria. A pretensão da duração do instante é inerente à plenitude da vida vivida, e não uma reivindicação explícita da própria consciência.

Eu acho que você já viveu experiências assim, como em encontros de intimidade com a pessoa que ama. Ou papos singelos e agradáveis de balcão de bar. Ocasiões em que a pessoa com quem está ameaça partir alegando um motivo qualquer, e você, subitamente, se dá conta de que sua partida piorará a vida, apequenará a existência, reduzirá a potência, entristecerá, em suma.

Então eu passo para o segundo degrau da minha reflexão.

Se a felicidade é um instante de vida tão bom que poderia durar mais, que poderia continuar, então o amor, no sentido mais genérico, tem por objeto aquilo que nos proporciona esse tipo de experiência. Amamos aquele ou aquela (ou aquilo) que nos faz feliz, isto é, que gostaríamos que continuasse conosco por mais tempo.

Em outras palavras, amamos aquilo cuja ausência passamos a lamentar tão logo se ausenta; que preenche em plenitude a nossa alma e quando ameaça abandoná-la nos causa desconforto.

Se a felicidade é o que sentimos, o objeto do nosso amor é aquilo que nos proporciona felicidade. Tudo o que nos proporciona felicidade, tudo o que poderia nos fazer lamentar a ruptura, o fim daquele instante.

Exemplos não faltam, dos mais prosaicos aos mais poéticos. Amor pela ducha quente, pelo doce de leite, pelo edredom, mas também amor pela vida, pelo deus grego do departamento, em suma, por tudo aquilo ou aquele cuja companhia nos faz querer um pouco mais.

Resumindo tudo que dissemos hoje: felicidade é um instante de vida que poderia durar um pouco mais e que, quando acaba, a gente lamenta; e o amor é por tudo aquilo que nos proporciona essa felicidade.

Ora, isso de durar um pouco mais nos faz chegar à velhice. Talvez por isso Camus, sim, o filósofo e escritor francês Albert Camus, tenha dito algo do gênero, em algum texto que me empurra para tempos de antanho, em que eu mesmo, pessoalmente, amarrava cachorro com linguiça.

Se minha memória não me trai, comprometendo o sentido, uma pessoa ama outra pessoa quando gostaria de envelhecer ao seu lado. E, tenho certeza, não faltarão amantes para repetir Camus, na ciência da citação ou na total ignorância do prêmio Nobel com quem espontaneamente acabam de coincidir.

Cumprimente o Lima Duarte

Faça um exercício comigo.

Imagine-se saindo de casa. Imaginou? Caminhe pela calçada. Imagine agora um encontro inesperado. Com um ator famoso. Pode ser o Lima Duarte. Vamos, faça esse exercício. Em sua imaginação, coloque o Lima Duarte na sua frente e estenda a mão. Ele vai te cumprimentar. Imagine o aperto de mão. O modo amável como é saudado por essa celebridade. Atente para o local. O que acontecia a sua volta. Vá enriquecendo a cena.

Muito bem. Façamos um segundo exercício.

Agora imagine-se comendo um hambúrguer. Entre em uma loja de *fast food* e coma um hambúrguer. Peça batatas fritas, se quiser. E um refrigerante para ajudar a descer. Imagine a atendente. As mesas e cadeiras. O tamanho do sanduíche.

Como você pode perceber, dispomos, cada um de nós, de uma faculdade do espírito que é a de formar imagens na mente. Mais do que simplesmente de formar imagens, de transformá-las, de movê-las, de substituí-las etc.

Essa faculdade vamos denominá-la imaginação.

Na imaginação, o pensamento tem como matéria-prima imagens, como a nomenclatura, aliás, sugere. Nosso espírito é capaz de lidar com imagens.

A imaginação é uma faculdade do espírito que está ao seu alcance imediato. Sabemos bem que nosso espírito trabalha com palavras, com frases, com ideias objetivadas em discurso, mas ele também lida com imagens. Esse é o trabalho da imaginação. *Phantasia*, em grego, com ph.

Agora que estou a pensar convosco sobre imagens e imaginação, constato duas tendências em meu próprio espírito.

A primeira.

Imagino amiúde situações que gostaria de ter vivido, mas não vivi. Em meio a essas imaginações, destacaram-se, por muito tempo, as ambições profissionais.

Por exemplo: imaginei, por muito tempo, lecionar em instituições prestigiosas onde, até aquele instante, nunca havia trabalhado. Via-me circulando pelos seus edifícios, nas salas de aula, lecionando perante alunos atentos etc.

Outro exemplo: imaginei muito fortemente o livro *Epaminondas, o gato explicador*, o meu preferido dentre os que escrevi, publicado nos Estados Unidos, o que só agora está em vias de acontecer, graças à competência e ao aguerrimento imparável do editor Marcial.

A segunda tendência da minha imaginação é mais curiosa.

Imagino a mim mesmo em situações efetivamente vividas, mas grotescas, ridículas, negativas, no limite do vexatório. Essa prática sempre me divertiu. Uma imaginação debochada sobre a própria condição. Situações em que, do ponto de vista de prestígio social, eu francamente não me saí nada bem.

Esse segundo tipo de imaginação sempre ofereceu subsídios para discursos sobre mim mesmo, que costumam ganhar audiência por simpatia e afinidade.

Quem nunca se deu francamente mal nas mais diversas situações do cotidiano?

Sempre gostei muito de colocar em relevo o fracasso na primeira pessoa do singular. Gosto desse meu despojamento de não dar muita bola para a autopromoção, de não me levar a sério, zombando das próprias iniciativas, sobretudo daquelas que ensejaram resultados bem distantes dos que pretendia alcançar.

Em resumo.

A minha imaginação costuma me trazer ao espírito, de um lado, situações que nunca vivi, mas que gostaria de ter vivido, bem como situações vividas, mas que não tendo sido bem-sucedidas, foram engraçadas, ridículas ou grotescas.

Quanto a triunfos no futuro, interessante, quase nunca deram as caras nas telas da minha mente. Como dizem, gato escaldado tem medo de água fria. Esperar com moderação evita frustrações.

Diz um sábio que somos do tamanho dos nossos sonhos. Vixe. Se isso for mesmo verdade, não supero uma ameba filhote em envergadura e extensão.

E você? Já parou para constatar o que mais frequentemente povoa o seu espírito quando está no exercício da imaginação?

Amante ou amado?

Faço uma pergunta para você, na lata. Você responde se quiser. Preste bem atenção.

O que você prefere? Ficar com uma pessoa que você ama perdidamente, apaixonadamente, mas que nutre por você simples apreço, simpatia ou, quem sabe até, só tolerância? Ou relacionar-se com alguém que te ama apaixonadamente, mas por quem você só nutre um simples apreço, simpatia ou quem sabe, mísera tolerância?

Entendeu a pergunta?

Vamos com outras palavras para dar uma chance aos sonolentos.

Qual é a sua preferência? Viver uma relação em que você é o grande amante, você que procura, vai atrás, se declara, se descabela, sofre, sente ciúme, você que... ou, então, você prefere viver uma relação na qual o outro sente tudo isso por você e você, digamos, tem pelo outro afetos infinitamente menos intensos, de outra natureza, e meio que tanto faz a continuidade ou não?

Penso que muitos preferem amar a ser amados. Cá entre nós, apostaria na grande maioria. Por isso, buscam e sofrem por quem amam, e não por quem os ame. Alcançam a suma felicidade porque estão viajando com quem amam, e não com quem os ama.

E tudo isso nos permite concluir que a grande ou a maior gratificação de uma relação amorosa está em amar o outro. Muito maior do que simplesmente ser amado por ele.

Com efeito, a satisfação de uma relação amorosa é amar. O prazer do amor é amar. Porque o amor se basta. O amor é bom por ele mesmo. Não precisa de mais nada para colorir a vida.

Alguém pode ponderar que essa felicidade toda do amante depende de alguma correspondência afetiva por parte do amado. Sabemos que, no nosso caso, não será um amor equivalente. Mas algum afeto deve haver. Porque o desdém absoluto do amado não deixa o amor rolar. Para viajar com quem se ama é preciso, por alguma razão, que ele aceite.

A ponderação é pertinente. Mas, ainda assim, continuamos preferindo relações de amor com quem nós amamos a relações com quem nos ame.

E isso, considerando o pacote todo que vem grudado nesse sentimento amoroso.

Que cara é essa? Não entendeu? Então, venha comigo.

Você ama de paixão uma pessoa qualquer. Pois bem. É você que fica inseguro, que se descabela, no caso de ter cabelo para isso, é claro. É você que sente ciúme, que arma confusão, que chora ante a simples ameaça de separação. É você que tem que abrir mão de si mesmo, que se desdiz, que diz que vai mudar, que já está fazendo terapia, que aquilo nunca voltará a acontecer, que sai batendo a porta e pede perdão arrependido minutos depois.

Em suma: é você que ocupa obviamente o polo mais frágil da relação, cuja potência depende da presença do outro. É você mesmo de quem eu estou falando. Que não abre mão de lutar por quem ama, mesmo sabendo que ele ou ela não nutre o mesmo afeto por você. Ou na mesma intensidade.

Só posso supor, então, que com tudo isso que expusemos, com tudo que o amor paixão possa ter de negativo para o apaixonado, ainda é essa a nossa grande opção. A mais recorrente, a mais celebrada.

Porque se não fosse muito sedutor ficar com quem se ama, já teríamos optado por ser o paparicado do pedaço, o acarinhado da relação, o atendido a todo instante, o louvado e adorado, o apreciado e admirado.

Mas não parece ser esse o caso.

O que queremos mesmo é amar.

E talvez seja por isso que muitas pessoas acabam por escolher, como companheiro ou companheira, aqueles que amam. Mesmo estando cientes de seus vícios, de sua escassa virtude, de sua indignidade patente. Mesmo que estes, seus amados, já tenham deixado claro, em inúmeras oportunidades, que não respeitam e nunca respeitarão nenhum amor que por eles sentem e venham a sentir.

Engraçado é se achar

Uma coisa me intriga.

Na minha particular observação das pessoas e de suas manifestações, identifico mensagens (discursos, narrativas, chistes ou mesmo situações) que parecem fazer rir qualquer um.

Por exemplo, nas minhas palestras, algumas passagens despertam o riso sempre, não importa onde esteja e para quem esteja falando. Tanto que, na sequência da piada, já adquiri o hábito de me calar por alguns segundos.

Por outro lado, nessas mesmas observações, constato que também são comuns comentários do tipo: não sei que graça vocês veem nisso. Não sei do que estão rindo tanto. Ou até mesmo: é preciso ser muito idiota para achar isso engraçado!

Nesse caso, o humor não faz unanimidade. A mensagem faz rirem alguns, desperta indiferença em outros e até indignação em terceiros.

Fico me perguntando:

É concebível uma teoria geral do riso? Um padrão genérico do humor? Haverá mensagem engraçada, digamos, em si mesma e, portanto, de humor universal, independentemente de onde e quando for enunciado? Ou o riso será manifestação da cultura, restrita a pessoas que compartilham o mesmo universo semiótico, semântico, de significados e seus duplos? A essas possibilidades acrescento uma terceira. O riso não passaria mesmo de mais uma manifestação de afetos, determinada pela especificidade do sujeito afetado, de sua particular presença no mundo, de sua específica trajetória e nada mais?

Quem sabe você possa me ajudar.

Analiso a partir da minha perspectiva. Você levanta a mão caso não haja coincidência com a sua.

Começo pela pergunta: em meio a tudo que encontro – e que se converte em mensagem quando por mim contemplado –, o que é que efetivamente me faz rir?

Bom, as coisas da natureza não me fazem rir. Não sei se esse também é o seu caso. Paisagens, céus estrelados, sol que se põe, rios, lagos e mares, nada disso foi engraçado um dia. Acho belas, lindas, feias, estranhas, grandiosas. Acho até asquerosas, como algum animal mais nojento, mas engraçadas, não.

Pensando melhor, o gato Epaminondas entra nessa categoria natureza e, de vez em quando, ele me faz rir. Sobretudo quando faz alguma pose que me remete a uma atitude propriamente humana.

Assim, ele se senta na cama, apoia as costas no travesseiro, abre as pernas e assiste ao jogo de futebol com atenção. Da mesma forma, a macaquinha Olívia, com milhares de seguidores nas redes, também faz rir, justamente por agir de modo muito próximo do humano.

O que acabamos de ver a respeito do humor nas coisas da natureza já nos autoriza a subir um degrau. Sigamos em frente.

O que mais me faz rir?

Bem, se as coisas na natureza não me fazem rir, com exceção das que me fazem pensar em gestos humanos, quem sabe as coisas produzidas pelo próprio homem ou mulher?

Quando pensamos em coisas produzidas pelo humano, vem-me à mente aquilo que os gregos chamavam de *techné*. E que eles consideravam arte. Isso incluía a produção de utensílios e também o que nós chamamos de arte, de belas-artes.

Um utensílio qualquer não faz rir. Não por ele mesmo. Difícil gargalhar diante de uma ferradura, um liquidificador ou uma bigorna. O que pode ser engraçado é o uso inusitado do mesmo. Um erro de procedimento. Uma desfuncionalidade.

Muita coisa pode passar pela cabeça. Como uma dentadura maior que a boca, uma escova de cabelos para calvos ou algum brinquedo erótico que também toca música, mas de melodia inadequada para a sua função principal. Nesses casos, os utensílios são engraçados em função do seu uso, efetivo ou imaginado, por humanos.

As belas-artes também podem ser cheias de humor. Mas em que condições?

A pintura de natureza morta pode até ser grotesca, mas não engraçada. Já a gravura que envolve humanos pode ter potencial humorístico. O mesmo com esculturas. No teatro, as comédias têm esse propósito, fazer rir. No cinema também. Aqui, lidamos com personagens. Com comportamento humano. Com decisões e ações. Com situações a serem vividas e interpretadas.

Começo a achar que, no final das contas, o que me faz rir mesmo são os outros. O humor, portanto, pelo menos no meu caso, tem por grande manancial de recursos aquilo que outros homens e mulheres fazem, dizem, pensam e manifestam.

É claro que podemos também debochar de nós mesmos, zoar da nossa própria cara. Particularmente, considero muitos episódios da minha vida bastante propícios a essa prática.

Mas, ainda assim, há um outro na parada. Isso porque, quando rimos de nós mesmos, há um eu que ri e um outro eu, de quem se ri. Justamente o outro. Ainda que nesse caso os dois eus sejam uma só e mesma pessoa.

Então, vamos lá. Continuando. Quando é que o outro me faz rir?

Os filósofos antigos, como Aristóteles, se propuseram a buscar a resposta a essa pergunta.

Podemos segui-lo. Procedo por eliminação. O outro não faz rir pelos seus atributos assumidos. Um indivíduo que é miserável e sabe que o é, vive como tal, apresenta-se como tal, este não causa riso algum. Assim como o rico que tem um entendimento da sua riqueza e age como tal não desperta riso por ser rico.

Um indivíduo pobre em recursos estéticos, feio de dar dó, e que tem plena consciência disso, incluindo a sua pouca beleza em seu discurso identitário, tampouco tira risos de quem quer que seja. O torto que se sabe torto é apenas torto.

Ninguém gargalha nesses casos, por mais inusitadas que sejam as atitudes de uns e de outros.

Portanto, o que nos faz rir, para ir direto ao assunto, e essa é a tese da filosofia antiga, é a ignorância de si mesmo, é o desconhecimento da própria condição. É se tomar por quem você manifestamente não é.

Desse modo, causa riso ser feio e se tomar por lindo. Ser pobre e se tomar por rico. Ser acanhado em recursos intelectivos e se tomar por alguém particularmente iluminado.

Assim, a verdadeira origem do riso é uma ignorância pretensiosa. É a inadequação entre o que se é e a representação de si mesmo. É o contraste flagrante entre o mundo percebido e a ideia que se faz dele.

E é exatamente por isso que a filosofia quase sempre encarou o fenômeno do riso com desconfiança. Atribuindo-lhe valor negativo.

E por quê?

Caminhamos ainda com os gregos. No instante em que você ri, é porque alguém deu causa a esse riso. E esse alguém é ignorante de si mesmo. O que é sempre condenável. Quem se toma por mais que é incorre em *hybris*, em desmesura. Postura mais condenável não há. Pretender ser quem não se é implica atentar contra a ordem cósmica, erro gravíssimo a não cometer.

Da mesma maneira, no pensamento cristão, quando alguém ri, humilha, apequena, entristece, devasta a vítima da sua risada. Atitude inadequada para quem se diz discípulo de Jesus e, portanto, deveria ter no amor ágape a grande referência para a vida.

Cordas e cornetas

Hoje é dia de dentista. Não dia do dentista, que, suponho, seja outro.

A caminho, sinto a alma inquieta. Afetos híbridos.

Por um lado, sinto a esperança do encontro com um grande amigo, o doutor Marcelo. Amigo que alegra sempre. Não só a mim, aliás, mas a todos que encontra. Um amigo de mão cheia, diria dona Nilza. Ou, como ensina Aristóteles, um amigo, simplesmente.

Esse é o lado positivo do caminho para o dentista.

Por outro lado, ao mesmo tempo que imaginar o reencontro com o amigo afeta de esperança, põe para cima e dá alento, alguma coisa deixa acabrunhado, como gostava de dizer meu pai. Produz sensação negativa. Apequena e rebaixa.

E aí eu pergunto a você que me lê:

– De onde vem essa sensação ruim?

Quem está indo ao dentista costuma relacionar a visita a intervenções dolorosas do tratamento. Mas vejamos:

– Por acaso já estou sentindo dor?

Não.

– Tenho, ao menos, certeza absoluta de que vou sentir dor?

Também não.

Mas, então, qual é a origem desse desconforto, desse afeto triste, que tanto apequena?

Na verdade, o que estou sentindo (ainda dentro do carro) é uma emoção presente, vivida no presente, que resgata os restos, resquícios ou reminiscências de emoções vividas no passado e que se manifestam por conta da atividade do espírito que, imaginando o cenário do tratamento, antecipa o que está por se passar.

Como, no caminho entre a minha casa e o consultório, tenho na cabeça a ideia de ir ao dentista, o espírito imagina, faz o seu trabalho. E essa imaginação desencadeia sensações que se escoram em tudo que já vivi relacionado a essa visita.

É como se todas as idas a dentistas, todas as experiências análogas já vividas ao longo dos últimos sessenta anos, se sintetizassem, se condensassem, se espremessem em um único jato afetivo, uma única resultante de afeto, uma síntese.

Não se trata propriamente de memória. De lembrar a primeira vez que eu fui ao dentista, a segunda vez, a terceira, a quinta, a décima, a vigésima... Uma após a outra.

Não é nada disso.

São todas as experiências condensadas numa sensação única. Sem lembrança distinta de cada ocorrência individual que ali se encontra condensada. Uma sensação presente que resulta de múltiplas experiências, que para estarem ali integradas perderam a sua individualidade.

Eu sei que parece obscuro, mas é assim que funciona. O que acaba acontecendo é que sentimos sem distinguir o porquê. Tudo que foi vivido e que se encontra ali condensado não é resgatado, nem é resgatável.

Desse modo, você, que me lê, saiba que tudo o que viveu um dia está em você, na sua forma mais preciosa, na sua forma mais relevante, que é a forma dos afetos. E será gerador de afetos nas distintas situações de vida.

Daí a ilusão ingênua de poder fingir que não aconteceu aquilo que aconteceu. Você pode perdoar, relevar, até esquecer o mal que te fizeram. Mas o que aconteceu, aconteceu. Afetou. Fez parte da vida. Marcou o vivente. Marcou o mundo. Redefiniu trajetórias. Existências. Integrou o real. Fê-lo ser o que é.

A consciência poderá carecer de memória em face do passado vivido. Porém, tudo o que vivemos poderá vir a se manifestar em qualquer instante. De maneira amalgamada, de maneira grudada, de maneira indistinta.

Assim, se fui ao dentista cinquenta vezes, neste momento estão essas cinquenta vezes a dar o tom do meu sentimento, das minhas sensações. Ainda que não consiga distinguir a incidência de cada uma das visitas nesse tom que agora se manifesta.

Por isso, aquilo que vivemos participará da nossa vida querendo ou não. Não me venha, portanto, com a bobagem de passar uma borracha no que aconteceu; a vida seria pobre demais, irrelevante até, se pudéssemos simplesmente anular aquilo que vivemos.

Não há borracha que apague as nossas experiências no mundo.

Por isso mesmo, temos todo o interesse em viver bons momentos. Afinal, eles participarão do presente vivido, mas estarão sempre conosco, a cada nova experiência, dando o tom das nossas sensações, em um acorde de harpas sofisticadas e complexas que são as dos nossos sentimentos.

Se você gostou desta reflexão, volte amanhã. Eu estarei aqui novamente. Se você não gostou, me dê mais uma chance. Se quiser, leia de novo. Como diz David Hume, os afetos lembram muito mais instrumentos de corda do que de sopro.

Se você toca uma corneta e para de assoprar, não tem mais som; já se toca uma harpa, a corda vibrará por muito mais tempo do que o dedilhar que lhe deu causa. Por isso mesmo, esse encontro que neste instante nos alegra continuará vibrando mesmo que dele um dia tenhamos esquecido.

Desejo em desacordo

Quando lemos os grandes pensadores, muitos fazem uma advertência recorrente: que desejar é um problema. Que quem deseja, enquanto deseja, não vive uma vida boa.

Porque quem deseja sempre deseja ter o que não tem. O que não é bom, porque se deseja, é porque acha que seria melhor se tivesse aquilo que ora deseja sem ter.

Deseja também ser quem não é, o que também não é bom, pela mesma razão. Desejar ser pode ser coisa de corpo. Assim, desejamos ser mais belos, mais altos, mais dotados, com olhos azuis, com cabelo etc. A vida seria melhor se fôssemos tudo isso. Mas, havendo desejo, é porque não somos.

Desejar ser pode também referir-se à vida do espírito. Ser mais sagaz, mais astuto, mais sutil, mais elevado, mais apto a abstrações, mais afeito a operações matemáticas; ser escritor, poeta, filósofo, inspirador, galanteador ou cheio de humor. Como a vida seria melhor se fôssemos outro! Mas se desejamos sê-lo é porque não somos.

E desejar fazer o que não faz, o que é também muito ruim. Se eu desejo beijar alguém na boca é porque essa boca, no momento do desejo, me escapa. E seria muito melhor se não escapasse. A vida seria muito mais colorida com os lábios colados.

E por isso mesmo, para haver desejo, deve haver, para o desejante, a falta do mundo desejado. E, pasmem, havendo falta não há presença.

Ora, não havendo presença não há plenitude, não há satisfação, não há saciedade, não há atrito, não há gozo. E sem tudo isso, a vida só pode ser ruim. A vida vivida no desejo é ruim.

Nessa mesma pegada, Schopenhauer sentencia que a vida humana oscila como um pêndulo entre o enfado e a frustração. O enfado resulta de ter o que não se deseja, e a frustração advém de desejar o que não se tem.

Por essas mesmas razões, esses pensadores se insurgem contra a boa fama do afeto de esperança. Não há nessa aproximação surpresa alguma.

Afinal, para ser afetado de esperança é preciso de algum modo desejar. Toda esperança requer desejo e todo desejo termina se traduzindo em algum tipo de esperança.

Quem deseja um carro novo é afetado de esperança de vir a tê-lo. Uma pessoa que queira outra como companheira e tente seduzi-la a deseja e tem a esperança de lograr seu intento.

Advertem esses pensadores que o esperançoso, enquanto afetado de esperança, não vive vida boa.

Isso porque, antes de mais nada, ignora se o que espera advirá ou não. Em segundo lugar, enquanto na esperança, vive na falta, na castidade, sem gozo. Em terceiro lugar, a esperança indica a impotência de seu titular de fazer acontecer o que espera. Se pudesse fazê-lo, certamente não esperaria.

Desse modo, o esperançoso vive na ignorância, na castidade e na impotência.

Muito bem. Tudo isso eu já repeti muitas vezes em aulas, livros e podcasts. Um lado robusto da filosofia pensa desse modo. E já sabemos disso.

Tente agora trocar de chip para pensar sobre o mesmo tema. Afinal, não é nada disso que as pessoas acham.

O senso comum aponta exatamente no sentido contrário. Enche a bola da esperança. Chega a vinculá-la à felicidade. Como pensa e afirma a grande maioria das pessoas. Incluindo o tio Orozimbo, rei de dizer, com particular solenidade, o que todo mundo já sabe, para que a vida possa valer a pena é preciso manter viva a esperança. Na literatura portuguesa, o Conselheiro Acácio do grande Eça é personagem de estirpe equivalente.

Nesse mesmo sentido, meu pai sempre me dizia que o melhor da festa é esperar por ela. Que o mais legal é a expectativa. Que muitas vezes, enquanto você espera por alguma coisa que presume boa, você desfruta mais do que durante a ocorrência dessa mesma coisa.

Eu me lembro de que viajei pela primeira vez de avião com ele. Isso faz muito tempo. Viajávamos para Salvador. Eu fiquei contando as semanas, os dias, as horas, sonhando com a decolagem, como seria ver tudo lá de cima, o pouso e os lugares que viria a conhecer.

E meu pai, que me chamava de Barrinhos, dizia "desfruta, desfruta porque você vai ver que depois passa rápido, agora é que é legal esperar, o melhor da viagem é esse frio na barriga, essa emoção que você sente esperando por ela".

Em outras circunstâncias, como as festas do meu aniversário, quando eu era bem criança, sempre havia um bolo especial. O recheio era sempre o mesmo, o meu preferido: uma camada de doce de leite e uma camada de doce de ameixa.

Não é misturado o doce de leite com a ameixa, entendeu?

Era na temática que tudo se renovava. Tinha bolo de calhambeque, bolo de foguete, bolo de posto de gasolina, bolo de sala de aula, de hospital para pacientes terminais etc. Era sempre uma surpresa.

E quando eu perguntava qual seria o bolo daquele ano, meu pai sempre respondia: "Olha, o mais legal é esperar, depois o bolo acaba rápido, o mais legal é esperar pelo bolo".

O meu pai, portanto, defendia o contrário do que os sábios antes dele ensinaram.

Então, depois de, ainda na escola, aprender as críticas contundentes de alguns filósofos à esperança, não tinha como não concluir que eles argumentavam exatamente o contrário do que meu pai se empenhava em me ensinar.

Até que um dia caiu no meu colo, graças ao curso preparatório para o diploma da Universidade de Nancy oferecido pela Aliança Francesa, o romance *Júlia ou a nova Heloísa*, do filósofo Jean-Jacques Rousseau.

E Rousseau afirma, sem muita cerimônia, que a infelicidade é própria de quem não tem mais o que desejar. Porque quem não deseja perde, por assim dizer, tudo o que possui.

E eu fiquei encantado. Um grande filósofo, enfim, se juntava ao meu pai. Dava razão ao velho com os dez dedos das mãos.

Júlia ou a nova Heloísa, de Rousseau, foi um romance de enorme sucesso no seu tempo. A história de Julie e Saint-Preux, que se amavam, mas não podiam viver o seu amor.

Segundo Rousseau, há mais felicidade na antecipação do desejo do que no seu gozo. Uma vez alcançado, o objeto do desejo desaparece, perde seu caráter misterioso, o ideal que lhe conferia a inacessibilidade desejada. Portanto, enquanto o prazer aumenta com a esperança, a satisfação do desejo é decepcionante, fugaz, estreita e devastadora.

Essa ambiguidade do desejo, que se alimenta da distância do objeto desejado, mas que também se nutre de um imaginário em que esse mesmo objeto aparece estampado de manhã à noite, nos permite entender esse desejo, ao mesmo tempo, de um modo negativo, como falta e pobreza no mundo das coisas, e de um modo positivo, como presença e riqueza no mundo do espírito.

Assim, a viagem a Salvador, o bolo de aniversário e quem sabe a primeira relação íntima, eu as imaginei de milhões de maneiras enquanto as desejava. Mas na hora de vivê-las, por mais fascinantes que tenham sido, foram uma só. Dando razão ao velho. E a Rousseau, que concordava com ele, ainda que uns duzentos anos antes.

Sem Belmira, vamos de morango com açúcar

O doutor Freud afirma: "Nós não sabemos renunciar a nada, nós só sabemos trocar uma coisa pela outra".

Vamos repetir a frase, porque vai que você foi pego no contrapé, meio distraído... de novo: "Nós não sabemos renunciar a nada, nós só sabemos trocar uma coisa pela outra".

Declaração bombástica, declaração emblemática.

Ao longo da vida, de fato, a gente tem que abrir mão de um monte de coisa. Na primeira infância sofremos com as renúncias, mas não conseguimos elaborar muito sobre esse dado da vida. E aqui eu falo por mim. Não sou psicólogo infantil para estender essa observação a quem quer que seja.

Para quem olha a vida dos outros de fora, fica mais evidente. Para começo de conversa, todos temos que renunciar ao corpo da mãe. Depois todos temos que renunciar à satisfação de certos desejos proibidos. E esses desejos podem se acumular de maneira significativa.

Quantas colegas e mesmo professoras eu teria adorado abraçar quando era criança; meninas que eu gostaria de ter pegado na mão, por exemplo, mas que não ousei.

Como é que a gente faz para renunciar a tanta coisa que não está ao nosso alcance?

Freud explica que, graças a um processo que ele vai chamar de sublimação – não se deixe amedrontar pelas palavras difíceis –, esses desejos serão, digamos, redirecionados do seu objeto primeiro, proibido e não acessível, para outras atividades que possam trazer alguma gratificação, alguma recompensa. Como um aplauso, um incentivo, um elogio. Essas atividades são socialmente legítimas, valorizadas e valorizantes.

Você, que acompanha com atenção, pergunta: “Quando da colega que queria pegar na mão mas não ousou, houve sublimação? Como exatamente?”.

Veja. No meu caso, olhando para trás, acredito que possa ter ocorrido o que Freud sugere. A atividade que passou a merecer a atenção foi o estudo e a preparação exaustiva para a prova. E a compensação seria a nota dez e suas consequências sociais de consagração.

Acho essa ideia muito plausível. Muitas horas de estudo se deram como busca de uma compensação. De uma substituição.

Não consegui abraçar aquela moça, não consegui beijá-la, não consegui nem chegar perto dela, tampouco olhar em seus olhos. Nada disso foi possível; mas dez eu tirei. Dez em Matemática, dez em Física, dez em Química...

É sinal de que, segundo Freud, existe uma espécie de propriedade psíquica que nos permite determinar que o desejo mude de objeto. Essa propriedade, para falar mais simples, é uma capacidade nossa. Mas tudo isso se opera fora da consciência dessa criança que sublima.

Não se trata, portanto, de uma estratégia, resultante de um cálculo de vontade, que buscaria maximizar ganhos e gratificações colocando um objeto de desejo possível de ser alcançado no lugar de outro que não o é.

Algo do tipo: já que não dá para dar um beijinho em Patrícia, porque namora um fortão da sala, vou gastar horas me preparando para a prova oral de Francês, para a qual tenho talentos e chances de grande sucesso. Obviamente, não é isso que acontece.

Já imaginou: sem Belmira, que tal moranguinhos com açúcar?

Mas, no final das contas, sem que nos apercebamos, isso pode acontecer. Com a nota dez no oral de Francês, que é o terror da turma, vem o aplauso, o reconhecimento, a bajulação, os elogios da madame que ministra o curso e comentários no elevador do tipo: "Como ele é inteligente!".

Hoje me dou conta de que devo muito de meus estudos bem-sucedidos no ensino fundamental e médio aos meus desagravos amorosos.

Nesse momento você pergunta: "Mas e depois?". Depois eu continuei estudando bastante. E devo esse resto dos meus estudos ao resto dos meus fracassos amorosos.

Afinal de contas, como faço questão de assegurar, sempre fui campeão do mundo de tomar toco, de não ser notado, de não ser considerado sequer como pretendente, de não ter nenhuma chance, de não ser correspondido, em suma.

Há de fato uma grande pertinência: quando um objeto de desejo não está ao nosso alcance, está vedado ao nosso desejo, esse desejo pelo objeto é substituído sem que a gente perceba.

Na perda de entes queridos, é possível vislumbrar o que acontece. No começo é insuportável, é infernal. A constatação de que nunca mais haverá encontro é muito dolorosa.

Quando o meu pai morreu, no final da década de 90, do século passado, eu achei que a vida tinha acabado, o meu pai era muito importante para mim. Exatos dez anos depois, a minha mãe morreu. E minha mãe era muito importante para mim. Nos dois casos houve grande sofrimento.

Mas existe a possibilidade de pouco a pouco, sem perceber, colocarem-se outras coisas no lugar. Esse tipo particular de sublimação vamos chamar de trabalho de luto. Aquele amor é e será sempre insubstituível. Mas, com o trabalho de luto, amortiza-se a dor com outros objetos de interesse que se interpõem.

Eu devo lhes dizer, antes de concluir esta reflexão, que, no meu caso, para pai e mãe, esse trabalho de luto foi sempre muito meia-boca.

É claro que hoje eu não sofro como sofri. Mas não há um dia sequer de minha vida que eu não lamente profundamente a ausência dos meus pais queridos.

Da amizade à adulação

Hoje vou falar de amizade. É interessante, pensava eu ainda impactado pelo sonho dessa noite, cujo fim foi decretado pelo alarme das 5h.

Em tempos de escola, a amizade é realmente um tema de todo dia, um assunto importante. Um tipo de vínculo que mantemos com algumas pessoas e que interessa muito a todos os envolvidos.

Assim, os pais falam entre si dos amigos dos filhos. Perguntam-lhes com curiosidade se fizeram novas amizades, como estão as velhas amizades, se o melhor amigo já voltou de viagem, se o amigo da outra classe está gostando da turma etc.

Lembro-me dos primeiros dias de aula do ano letivo. A primeira coisa que perguntavam em casa era se os amigos de sempre (Narduzzo e Moretzsohn) tinham caído na mesma turma.

À medida que o tempo vai passando, parece que esse tema vai perdendo importância. Aparentemente, a vida boa deixa de ter a amizade como pré-requisito. Tanto é assim que me parece muito raro que alguém avalie positivamente uma vida adulta pela natureza das amizades cultivadas.

A felicidade passa a ser relacionada, cada vez mais precocemente, com o maior ou menor sucesso nos desafios daquela trajetória. A obtenção dos troféus que a sociedade considera valiosos o suficiente para coroar uma vida de valor.

Desse modo, a título de exemplo, as instituições escolares frequentadas e os diplomas obtidos costumam figurar entre os passaportes para uma vida auspiciosa. Da mesma forma, o êxito profissional que se segue. A carreira, o poder, o dinheiro, o prestígio.

Nesse momento da vida, a felicidade passa a depender mais da adulação do que da amizade.

Mas de que se trata exatamente essa história de amizade?

Platão disse que a amizade é uma predisposição, ou seja, uma tendência de conduta, uma inclinação para agir de um certo modo, uma predisposição recíproca; isto é, um jeito de agir padrão ante a presença do outro amigo, a presença do outro que é amigo.

Mas que tendência é essa?

É uma predisposição que nos expõe ciosos da felicidade do outro; predisposição recíproca que torna dois seres amigos, igualmente ciosos da felicidade um do outro. Temos aqui por dever investigar um pouco mais o que Platão quis dizer com esse *ciosos*.

Bom, em primeiro lugar, a coisa mais elementar é que a felicidade do outro é um dado da realidade que importa, que conta, que tem valor. Por isso mesmo, é objeto de divagação do amigo, de conjectura do amigo, de preocupação do amigo.

Isso requer uma capacidade de investigação e de diagnóstico sobre a felicidade do outro, das suas causas, dos seus obstáculos, das realidades a enfrentar, dos riscos possíveis. Ou seja, tudo que envolve e ameaça a felicidade do outro e vice-versa.

Portanto, poderíamos dizer que quando há amizade, a felicidade do outro conta por ela mesma. A felicidade do outro tem um valor em si.

Pensando pelo contrário. Aceitando essa definição, o que então a amizade não seria?

A amizade não seria, de jeito nenhum, uma relação em que cada um pensa no seu bem-estar apenas, na sua vantagem, no seu ganho, no seu prazer, na sua felicidade...

Falando em outras palavras. Sempre explorando a mesma ideia, amizade não seria uma relação em que o outro é trampolim do próprio bem-estar, instrumento do próprio bem-estar. A sua eventual felicidade não seria cuidada pelo amigo como estratégia para futura recompensa ou contraprestação.

A amizade tampouco seria uma relação simplesmente utilitária, em que eu precisaria do outro não para uma vida boa, mas para um ganho específico.

A amizade, ainda explorando a definição que propusemos, seria uma tendência recíproca e compartilhada de pensar sobre a felicidade do outro, de estar pendente dela, de estar preocupado com ela, de estar ciente dela, de estar cioso dela.

De modo que quando algo ameaça a felicidade do outro, esse algo se torna imediatamente objeto de preocupação, de perturbação para o amigo.

Dizendo com outras palavras. Amigos são aqueles que se deixam perturbar pelos mundos que inviabilizam efetivamente ou potencialmente a felicidade do outro.

Como dizia meu amigo Joel.

– Se você, meu amigo, não for feliz, eis um empecilho definitivo para que eu possa viver uma vida boa.

Bem, meus amigos. Gostaria muito que vocês, nesse momento, refletissem sobre os amigos que têm, e submetessem essa amizade ao critério de Platão: tendência recíproca a estar cioso da felicidade do outro.

O tempo não aconselha ninguém

O tempo é o melhor conselheiro.

Há quem o afirme com certeza de dogma. Plutarco, na filosofia antiga, por exemplo.

Em outra versão, o tempo é o senhor da razão. Ou o tempo dirá quem tem razão.

Fiquemos com o tempo conselheiro.

Afinal de contas, o que estaria por trás da noção de tempo que poderia fazer dele um bom conselheiro?

Bem, o tempo nos dá a oportunidade de pensar um pouco mais. Isso é fato. É no tempo que o pensamento se materializa. O pensamento é temporal, portanto. Sem tempo, não há pensamento. E pensamento ocupa o tempo. Toma tempo.

O tempo nos dá tempo de pensar por conta própria. Esse pensamento bom que não vem torporizado das avalanches vomitantes, em grandes encontros de muitas vozes e porta-vozes angustiados para falar.

Podendo, graças ao tempo, pensar um pouco mais, consideramos novas possibilidades de ação, novas soluções, novas estratégias para aquela mesma situação vivida.

Ora. Um conselho é bem isso.

Todo conselho é uma indicação prática, uma sugestão de conduta, de ação, de comportamento adequado a uma situação da existência.

Fica claro, então, que se o tempo é um bom conselheiro, não o é por ele mesmo. Mas por nos permitir pensar melhor. Desse modo, o tempo nos dá a chance de nos tornarmos melhores conselheiros para nós mesmos, por intermédio de nosso bom pensamento.

O tempo também pode nos dar a oportunidade de observar melhor a situação vivida. Aqui, o caso é um pouco diferente.

Agora o tempo nos dá a oportunidade de perceber melhor o mundo, observar detalhes, constatar realidades, aperfeiçoar o nosso entendimento dessa realidade.

Perceba que, nesse caso, o bom conselheiro, o que nos indica o melhor comportamento e a melhor ação, é a nossa aperfeiçoada competência de diagnóstico, de flagrante, de observação. E essa última também se materializa no tempo. Requer algo do nosso tempo.

O tempo também nos dá oportunidade de ouvir outras pessoas. Seja porque são contemporâneas e podem estar presencialmente conosco, seja porque já viveram e deixaram os seus registros.

Nesse caso, o bom conselheiro é o outro. Que já viveu situação semelhante, que já refletiu a respeito, que já quebrou a cara, que já aprendeu com a vida. Ele poderá trazer o seu olhar, a sua perspectiva. Esse outro que só o tempo nos permitiu ouvir, ler, observar.

Como você pode observar, o tempo, por ele mesmo, não aconselha nada. Mas permite que nos aconselhemos com nossa lucidez ou com a lucidez alheia. Sem o tempo não há conselho.

Mas sem lucidez, o tempo sozinho, por ele, não resolve nada. Podemos ter todo o tempo do mundo.

Mas se não tivermos capacidade intelectiva, competência para pensar, tampouco obteremos conselho de valor.

Como dizia meu amigo Penteado, o tempo dá ao lúcido a chance de uma nova reflexão, e ao confuso, a de se enganar ainda mais.

Há quem diga que se conselho fosse bom não se dava, mas sim se vendia. A expressão é repetida, ouvida e regurgitada por toda parte.

Vale observar que sua premissa é nefasta. Porque mata um dos atributos mais elevados da existência humana, que é a generosidade.

Com efeito. Somos capazes de simplesmente dar. E nem tudo que damos é ruim. Nem tudo que oferecemos de bom é ou deve ser necessariamente vendido. Podemos perfeitamente dar o que dispomos de melhor.

Desse modo, o conselho que damos pode ser bom, e também pode ser dado. Não precisa ser vendido. Afinal, nem sempre precisamos de alguma contrapartida – ou auferir alguma vantagem – em troca do que oferecemos de melhor.

Se tá vazio, é melhor não entrar

O assunto deste nosso encontro será o desejo. Sei que já tratamos do tema. Mas nesse novo momento da vida do espírito a reflexão será necessariamente outra. Difícil encontrar algo tão agarrado a nossa vida quanto o desejo.

Existe nos desejos de cada um de nós uma propensão que é nossa desde sempre. Uma certa inclinação para as coisas do mundo.

Essa tendência de ir atrás de alguma coisa para si parece existir antes mesmo que essa coisa se defina, se apresente.

Como se houvesse um apetite pelo mundo que é nosso desde o nascimento e que vai encontrando ao longo da vida objetos para satisfazê-lo.

Veja a ideia de fazer compras. De ir às compras. De dar uma voltinha no shopping e fazer umas comprinhas. Não está dito o que exatamente será adquirido. Veremos lá, na hora. Por enquanto temos só um apetite. O que vai saciá-lo, o acaso dos encontros dirá.

Desse modo, parecemos sempre predispostos a ir buscar no mundo alguma coisa que, por alguma razão, supomos arredondaria a vida, completaria bem.

Duas coisinhas antes de continuar.

A primeira. Apesar dessa predisposição, desse apetite que está sempre ali, nem tudo no mundo faz a nossa cabeça, nem tudo nos move, nos atrai, nos seduz. Nem tudo é objeto do nosso desejo.

A segunda. Só vamos atrás do que existe. Melhor ainda. Do que sabemos que existe. Não há como desejar o que não existe ainda. Ou aquilo cuja existência ignoramos. Para que possamos desejar é preciso que o desejado esteja no mundo. Integre a realidade.

Essas advertências parecem óbvias. Mas eu prefiro explicitá-las. Peço perdão aos espíritos mais evoluídos e avessos às obviedades. O problema é que, de vez em quando, ajuda ir passo a passo para deixar o pensamento mais claro.

Fico fascinado com a ideia de que até pouquíssimo tempo atrás quase nada do que hoje desejo tinha existência material. Não poderia, portanto, ser objeto do meu desejo.

A título de exemplo.

Um leitor de livros digitalizados, em que eu possa fazer minhas anotações em tela, não poderia ter sido desejado por mim quando era estudante de Direito. Estava num desses dias imaginando como teria sido o curso se tivesse podido levar todos os meus livros num único artefato no qual pudesse ainda acrescentar as anotações de aula. Eu, que sempre adorei anotar tudo que os professores diziam.

O mundo é a nossa vitrine.

Após essas pueris observações, quando falamos em desejo, a primeira imagem que me vem à mente é a relação direta entre um desejante humano e o objeto do seu desejo, ali, bem na sua frente. Como um lindo algodão-doce à venda na porta de um parque e uma criança pedindo ao pai que providencie a sua aquisição.

Mas logo me dou conta de que nem sempre essa relação é assim tão direta. Em muitas situações, a participação de outras pessoas é decisiva na definição do mundo desejável.

Retomando o caso da criança no parque e seu algodão-doce. Desde a primeira idade, a sociedade que nos circunda, da qual fazemos parte, nos apresenta os primeiros brinquedos, os primeiros entretenimentos, as primeiras fontes de prazer.

Em outros cenários, a sugestão do mundo a desejar se faz por intermédio do desejo do outro.

Assim, parece pertinente a teoria de René Girard, professor francês que viveu muito nos Estados Unidos, a respeito de um desejo mimético. Esse mimético significa por imitação.

Desse modo, desejamos aquilo que outros desejam também. Portanto, o desejo do outro é sempre pedagógico, didático. Por meio desse seu desejo, ele nos mostra o que há a desejar, o que é possível desejar, o que é legítimo desejar, o que estou autorizado a desejar.

Na verdade, admitamos sem muita relutância, o desejo dos outros é muito indicativo do valor das coisas do mundo.

De modo que um restaurante costuma ser tido como bom porque tem fila na porta. Em contrapartida, se está vazio, é melhor nem entrar. A comida nesse segundo estabelecimento não deve ser nada boa.

Da mesma forma, um livro é considerado bom porque é *bestseller*. Bem diferente dos meus, que ninguém compra e muito menos lê. Um carro é avaliado como bom porque muita gente se diz satisfeita com ele.

Assim, a cada passo vamos flagrando no desejo do outro aquilo que podemos desejar também.

O que pode parecer paradoxal, e aqui vem toda a curiosidade, e a graça e o colorido desse tipo de pensamento, é que o mesmo outro que nos indica o que há a desejar também deseja a mesma coisa.

Portanto, esse mesmo indivíduo que ao desejar nos indica um objeto desejável, esse mesmo que é nosso professor, nosso mestre, é também nosso rival. O mesmo que diz o que podemos desejar, porque deseja também, disputa conosco um objeto desejado.

Assim, a mesma fila no restaurante que indica o bom restaurante também é o impedimento para que possamos comer logo.

Aquela moça, ou aquele rapaz, desejados por tanta gente, acabam sendo também objeto do nosso desejo. O problema é que todos esses pretendentes acabam rivalizando e dificultando o nosso xaveco.

Cada vez mais as pessoas se interessam pelas ideias filosóficas, e, portanto, essas pessoas indicam, mostram, ensinam o que para elas tem valor.

Ora, se tem valor para elas, isso pode ser um indicativo de que tenha valor para nós também.

Só que, diferentemente do que acontece na disputa por uma mesa num restaurante cheio, ou de um lugar romântico no coração do moço bonito, ou de um carro de cor rara e linda na concessionária, no caso do conhecimento, das ideias, da sabedoria, o acesso de um não impede ou exclui o acesso de outros. Não há rivalidade necessária na busca da sabedoria.

Não é legal?

Escravo pelo ódio

Hoje começamos com uma tijolada. É para despertar o espírito. Portanto, venha comigo. Não se distraia.

Amores são afetos em paralelo, ódios são afetos cruzados.

Vixe Maria!

O que será que isso quer dizer?

É simples. Não se deixe impressionar.

No amor, a alegria do amado é causa da alegria de quem o ama, e a tristeza do amado é causa da tristeza de quem o ama.

Alegria do amado é alegria do amante, tristeza do amado é tristeza do amante. Alegria de um lado, alegria do outro. Tristeza de um lado, tristeza do outro. Por isso dizemos que há paralelismo. No amor, a alegria do amado causa em quem o ama um afeto de mesmo tipo. Bem como a tristeza.

Assim, quando nossos filhos pequenos estão felizes, nos enchem de júbilo. Mas quando choram, nos enchem de tristeza.

No ódio é diferente. A alegria de quem odiamos nos faz mal, enquanto a tristeza de quem odiamos nos faz bem. Por isso dizemos que são afetos cruzados. Eu preciso da tristeza do odiado, daquele que odeio, do meu inimigo, para me sentir bem.

E como estou o tempo todo empenhado na minha própria alegria, passarei boa parte do tempo caraminholando, pensando em um jeito de entristecer aquele que odeio. Porque essa tristeza, flagrada no coração daquele que odeio, será causa da minha alegria.

Em contrapartida, se porventura aquele que odeio se alegrar, ensejará em mim tristeza. Portanto, como tento destruir tudo que me causa tristeza, preciso dar cabo da alegria daquele que odeio. Fazê-lo entristecer-se.

Talvez, por isso mesmo, o grande escritor argentino Jorge Luis Borges tenha dito:

"Não odeie nem mesmo os seus inimigos, porque você se tornará escravo deles. O ódio é uma forma de escravidão".

Borges tem razão. O ódio é uma forma de escravidão. Porque quando você odeia, torna-se escravo. Constrangido a dedicar momentos da vida a dar causa à tristeza desse que odeia.

Nesse caso, como sempre acontece quando há constrangimento, perde-se demais em liberdade. Por definição.

Liberdade para fazer outra coisa. Liberdade para ignorar aquela pessoa. Liberdade até mesmo para fazê-la feliz. Quem odeia se vê tão constrangido a ser causa da tristeza do odiado para poder se alegrar que acaba passando a vida tentando agredi-lo, ofendê-lo, fazer-lhe mal, apequená-lo. Tudo isso para poder sentir uma gotinha amarga de felicidade.

Seria tão melhor se pudéssemos nos libertar do ódio. Com isso deixaríamos o outro viver a sua vida. E resgataríamos, assim, a nossa liberdade, para fazer o que bem quiséssemos.

Portanto, libertai-vos das cizânias de ódio. Libertai-vos das disputas que cobram de você empenho total, foco da vida em desgraçar a vida daquele que odeia, muitas vezes sem saber por quê.

Prazer em conhecer

Alguns de nossos professores oferecem uma justificativa para o que estão a ensinar. Por que aquele conteúdo em pauta e não outro? Justificam também o esforço e a dedicação do aluno em torno daquele aprendizado específico.

Um primeiro tipo de justificativa se fundamenta na utilidade do que está sendo ensinado. O conhecimento que resultará daquela iniciativa pedagógica permitirá ao aluno a realização desta ou daquela atividade ou a compreensão deste ou daquele assunto que está por ser aprendido.

Outro modo de justificar é ainda mais imediato e taxativo. Se algo está sendo ensinado é porque integra o programa daquela disciplina. Esta, por sua vez, faz parte de um currículo escolar já estabelecido. E que tudo isso é ou deve ser óbvio para todos, dispensando maiores explicações.

Há ainda um terceiro tipo de postura. O docente vincula o que está sendo ensinado aos protocolos de avaliação escolar. De modo que aquilo deve ser aprendido porque vai ser cobrado em prova. Porque é tema de vestibular. Porque é condição de aprovação.

Resumindo, temos três tipos de estratégia: justificar pela utilidade em prática futura, pela norma curricular do que está estipulado para ser aprendido e pelas avaliações, condição de aprovação.

Como podem ver, essas justificativas reduzem o aprendizado a uma obrigação. Condição para outras práticas, obediência a regras estabelecidas, condição para um encaminhamento na sequência dos anos.

Não consta nessa lista a justificativa do conhecimento pela satisfação de uma curiosidade, pelo prazer que traz o aprendizado, pela vida boa ensejada por uma atividade de estudo e descoberta, pelo encantamento que novos conhecimentos podem despertar, pela felicidade que pode decorrer daquele novo aprendizado.

No que me concerne, sempre senti falta de algum professor ter oferecido esse argumento. Aprenda porque aprender é fascinante, porque conhecer é maravilhoso, porque o repertório enriquecido autoriza interpretações também ricas das coisas do mundo. Pensar de maneira rica é prazeroso, é agradável, é reconfortante, é bom.

E quem conhece tem mais facilidade para conhecer ainda mais, e, portanto, ter ainda mais prazer em conhecer.

Essa dificuldade em justificar o aprendizado acontece também fora da escola.

Eu me lembro que pegava avião todos os dias, antes da pandemia, para palestrar nos mais diversos lugares do país e alhures. Nessas viagens eu estudava o alfabeto japonês, os *kanjis*. Eu decolava copiando os complicados ideogramas. Se não tivesse que ir ao banheiro, aterrissava empenhado na mesma prática. Porque era agradável por si só.

Muitos, intrigados com aquela atividade, me perguntavam:

"O senhor vai morar no Japão?"

Não.

"O senhor vai viver no Japão?"

Não.

"O senhor vai trabalhar em uma empresa japonesa?"

Não.

"O senhor vai usar isso em lugar nenhum, por que está fazendo?"

Ué, porque estou curtindo aprender.

O aprendizado pelo aprendizado, o conhecimento pelo conhecimento. Porque aprender é bom demais. É um grande prazer da vida. Um prazer superior. O prazer maior da vida do espírito. Porque permite pensar mais lindamente.

Sócrates foi condenado. Enquanto preparavam a cicuta para que ele ingerisse e morresse, dedicava-se a aprender uma canção na flauta. E ele ensaiava com empenho, repetia, se esmerava.

"Para que servirá isso?", lhe perguntaram, e Sócrates respondeu: "Para sabê-lo antes de morrer".

Essa seria a melhor justificativa. O prazer de aprender, o gosto por saber. Vincular o estudo e o aprendizado a esse prazer de conhecer. Um prazer em conhecer que aqui é mais do que uma fórmula de polidez. É uma justificativa para todo o investimento na vida do espírito.

Melhor deixar pra lá

Há pessoas que fazem parte da nossa convivência. Com algumas delas convivemos diariamente. Estão ao nosso lado um bom tempo todos os dias. Há outras, contudo, que encontramos mais remotamente. Algumas, quase nunca.

Quanto mais uma pessoa age perante nós, mais é observada, mais amiúde – e em detalhe – tem suas condutas, ações, discursos, comportamentos avaliados por nós.

E aqui costuma acontecer algo curioso.

Não raro temos uma ideia bastante clara do que esperamos da conduta alheia. Isto é, do que julgamos certo, adequado, eficiente e pertinente que seja feito.

Ora, quanto mais aguda for a observação da conduta alheia, maior a chance de nos darmos conta do seu desalinho em face dessa nossa expectativa. Maior a chance de percebermos que na conduta do outro há elementos com os quais não concordamos.

Segue daí que também aumentam as chances de formarmos uma opinião negativa sobre esse outro. Se não sobre a pessoa, pelo menos sobre aquele comportamento específico.

De tal maneira que o estreitamento de laços propicia matéria-prima para avaliação crítica. E essa avaliação pode resultar na atribuição de um valor rebaixado àquela conduta flagrada, observada, constatada.

Aqui você poderia perguntar: pensando desse modo, para termos alguém em bom conceito parece, então, necessário não o conhecer bem? Ou não interagir com ele?

Talvez você esteja sendo rigoroso demais. Mas a pergunta pode, sim, gerar polêmica. Estou apenas tentando dizer que, de perto, todo mundo acaba mostrando duas facetas menos altivas, dignas, qualificadas e elogiosas.

Mas eu juro que não é exatamente esse o ponto da reflexão de hoje. Esse é só o preâmbulo, digamos. Por isso, se me permitir, vou avançar meia légua de prosa.

A porca começa a torcer o rabo porque essas pessoas, com as quais interagimos intensamente, costumam ter conosco vínculos afetivos importantes; pessoas que não queremos entristecer de jeito nenhum. Cuja tristeza nos entristece, que evitaríamos fazer chorar a qualquer preço. Pessoas cuja alegria enseja a nossa. De cuja felicidade depende a nossa. Pessoas que amamos, em resumo.

Ora. Como o leitor deve ter percebido, estamos claramente diante de um problema.

Se, por um lado, temos muito a apontar de negativo na conduta do outro, por observá-lo muito, por outro nem sempre nos sentimos inclinados a denunciar tudo que nos desagrada nessa mesma conduta.

Dizendo de outro modo.

Justamente as pessoas que observamos mais e conhecemos melhor, que poderiam contar com o nosso olhar crítico para refletir melhor sobre suas ações, são aquelas que não gostaríamos de entristecer.

Sabemos bem que a crítica fundamentada da conduta de alguém pode ser pedagógica, enriquecedora e até esperada. Mas detonar o outro a cada inconformidade ao que julgamos correto pode inviabilizar a relação. E você, que me lê, não quer inviabilizar a relação com alguém cuja companhia é tão importante, tão fundamental, tão relevante para a vida.

Desse modo, a título de exemplo, você não quer que seu filho amado vincule a sua imagem a uma tristeza recorrente que você lhe causa ao admoestá-lo ininterruptamente, a cada minuto.

Toda vez que você diz o que pensa sobre sua conduta acaba por aborrecê-lo, rebaixá-lo, entristecê-lo. Isso faz com que, em muitas situações, você prefira deixar para lá. Opte por não manifestar o seu juízo, a sua avaliação. Decida não dizer o que pensa, em suma. Se não sempre, muitas vezes.

E isso, claro, vai tornando essa relação uma relação falsa.

Pouco a pouco, você se vê constrangido a sistematicamente dizer o que não pensa, dizer o que não sente, dizer o contrário do que acha verdadeiro; se vê obrigado a mentir sobre a avaliação que faz do outro, de modo a proteger a sua alegria e, com isso, a continuidade da relação.

E é exatamente aqui que me ocorreu mencionar a afirmação de Cioran, grande pensador romeno radicado na França. Afirmação linda e dura de encarar.

"Se nossos semelhantes pudessem constatar nossas opiniões sobre eles, o amor, a amizade e o devotamento seriam riscados para sempre dos dicionários. Se tivéssemos a coragem de olhar cara a cara as dúvidas que concebemos timidamente sobre nós mesmos, nenhum de nós proferiria um eu sem envergonhar-se."

Como observa Cioran, não é só no que concerne aos outros que somos econômicos em verdades. Mas também no que diz respeito a nós mesmos.

Assim, recorremos à hipocrisia para conservar-nos suportáveis ante os demais e ante nós mesmos. Ao mesmo tempo, a combatemos para conservar-nos dignos ante os demais e ante nós mesmos.

Como vê, querido leitor, não é mesmo para amadores essa história de viver.

Saber esquecer

Eu estava pensando aqui com meus botões nessa estranha relação entre, de um lado, a quantidade de anos efetivamente vividos, uma duração da existência contada no relógio e no movimento dos planetas e, de outro, sentir-se mais ou menos vivido, uma velhice percebida, sentida, subjetiva.

Acreditamos que corpo e alma avançam em paralelo. De mãos dadas. Vinculadamente. Desse modo, o indivíduo que envelhece com o corpo em ordem, seja porque não tem doença grave, seja porque se exercita regularmente, esse consegue deixar a alma mais livre para outras atividades.

As questões da existência mais diretamente ligadas à alma parecem menos dependentes das piruetas do acaso. Por isso, ensejam avaliação mais segura.

Antes de mais nada, uma trajetória longa, cheia de anos vividos, nos dá muito o que lembrar. Matéria-prima vasta para o resgate da memória, muitos episódios a recordar. Inversamente, aquele que vive há pouco tempo tem muito pouco do que se lembrar.

O leitor dirá que, desde criança, as coisas são o que são. Acima desta ou daquela idade avançada, um indivíduo é velho e não tem conversa.

Ainda assim, muitos de nós já vivemos muito e não nos sentimos propriamente velhos. Talvez haja aí algo a investigar. Talvez a tal velhice não seja apenas uma questão de anos vividos, de tempo efetivamente vivido.

A jocosidade popular costuma sugerir a troca de "velho" por "experiente". A proposta não é tola.

Retomando. Como dizíamos, é possível ter vivido muito e não se sentir velho. E o contrário também deve proceder. É também possível ter vivido bem menos anos e sentir-se alquebrado.

No primeiro caso, o da vida longeva sem sensação de velhice, esse indivíduo teria, como todos já vividos, muita história para contar, muita coisa para lembrar, muito episódio para relatar.

Porém, a vida imediatamente vivida, a presencialidade, os instantes efetivamente experienciados no presente são (ainda) de tal modo auspiciosos, ricos, preenchedores da alma, que todo esse arsenal de lembranças não precisa ser requisitado na hora de viver. Ocupa pouco tempo da vida do espírito.

Isso significa que um indivíduo objetivamente velho, mas subjetivamente jovem, é aquele que, mesmo podendo se lembrar de um monte de coisa que viveu, não precisa se lembrar de quase nada porque a vida que vive, no instante mesmo em que está sendo vivida, é rica, interessante, preenchedora da alma.

Nesse caso, temos alguém entrado em anos, alguém com trajetória percorrida, alguém com muito tempo de estrada, mas que na hora de viver, vive tão bem que seu passado ficou mesmo para trás. Nesse caso, não se trata de aprender a esquecer. Mas acabar esquecendo por ter coisa mais interessante para viver do que simplesmente lembrar do já vivido.

Eis um traço de sabedoria, a nosso ver. A competência para viver a vida onde ela está, mesmo havendo muita vida já vivida, resgatável em memória saudosa ou arrependida.

Resta convidar o leitor experiente para aceitar em paz o fato da trajetória mais longa e, ao mesmo tempo, procurar, sempre que possível, habitar o presente, prestar atenção e degustar o que está sendo vivido.

Mesmo que, numa primeira olhada, não haja, no entorno do mundo, nada de ostensivamente fantástico.

Que aprendamos a buscar, em meio ao anódino do mundo mais aparente, a fascinante riqueza de seus detalhes; que só se deixa perceber pelos mais atentos e amantes da vida vivida onde ela se encontra. No seu tempo e espaço.

Justo reconhecimento

Fernando Pessoa, em "Mar português", diz que tudo vale a pena quando a alma não é pequena.

Eu repito porque é belíssimo: "Tudo vale a pena quando a alma não é pequena".

Quando alguém sugere que tudo pode valer a pena, pensamos num cenário maravilhoso de vida. Mas com uma condição: se e somente se a alma não for pequena.

O poeta está a jogar a atenção e a curiosidade do leitor para as nuances desta particular condição: a alma não ser pequena.

Vamos a ela.

Bom, comecemos no primeiro degrau. Assim subiremos em segurança.

Pessoa fala de alma pequena na negativa. Portanto, refere-se a uma alma que pode ser grande ou pelo menos de um tamanho razoável.

Fiquemos com essa primeira opção. Tudo vale a pena quando a alma é grande.

Assim fazendo, talvez não consigamos recortar em plenitude o que o autor está a mencionar. Sabemos bem, mesmo sendo um zero à esquerda em lógica, que nem tudo que não é pequeno é necessariamente grande. Entre o pequeno e o grande há uma infinidade de meios-termos.

Por outro lado, com certeza, não estamos completamente em erro. Porque uma alma grande, ou qualquer coisa grande, não pode ser pequena ao mesmo tempo.

Ora, se tudo vale a pena quando a alma é grande, a pergunta aqui só pode ser uma: o que significa uma alma grande?

Trago aqui uma boa notícia. Quando falamos em grandeza de alma não estamos completamente no escuro. Talvez por isso eu tenha preferido limitar a análise a esse caso particular de não pequeno que é o grande.

Lembremos que Aristóteles, em *Ética a Nicômaco*, ao elencar nossas virtudes, destaca uma: justamente a *megalopsyqué*. E esta última, traduzimos justamente por grandeza da alma. Se tivesse que abordar almas de tamanho médio, aí sim estaria sem referência filosófica para me escorar.

Para traduzir *megalopsyché*, muitos preferem o termo "magnanimidade".

Essa tradução nos parece inconveniente. Concordamos aqui com o professor Enrico Berti, grande especialista italiano na obra do filósofo grego.

Qual o problema de "magnanimidade"?

Quando esse termo chega a ser usado no senso comum (o que não é muito frequente), faz pensar em generosidade, em capacidade de perdoar. Ora, não é bem isso que Aristóteles quer dizer quando menciona *megalopsyché* em meio às suas virtudes.

Por isso, proponho conservarmos o termo "grandeza de alma". Tem o inconveniente de conter três vocábulos no lugar de um só, mas a vantagem de deixar as coisas mais abertas.

Pois bem, o leitor pergunta: o que é a grandeza de alma para Aristóteles?

O filósofo de Estagira explica de maneira bastante clara. Existe grandeza de alma quando alguém que é bom, tem alma grande, é virtuoso, tem plena consciência disso e, portanto, aspira reconhecimento compatível com essa grandeza.

A grandeza de alma é a consciência da virtude que é a sua e, portanto, aspiração do reconhecimento justo pela virtude que é a sua. Aquele que é grande de alma tem um entendimento sobre si muito adequado.

Pensando como Aristóteles, sempre no meio-termo, podemos dizer que aquele que é grande de alma não se toma por menos do que realmente é. Mas, tampouco, por mais do que realmente é. Não é nem modesto demais, nem arrogante ou pretensioso demais.

Ficamos, então, entre o pusilânime, que é o modesto demais, aquele que sempre se rebaixa, que sempre se avalia a menor, e o prepotente, que é o que se exalta em demasia, o que sempre se avalia a maior.

Desse modo, o grande de alma sabe exatamente qual é o seu valor e pretende ser reconhecido pelo valor que é o seu. Avalia-se com correção, tem um entendimento justo sobre si mesmo e julga ter o direito de ser reconhecido como tal.

A grandeza de alma, portanto, é coisa de gente grande, que aspira grande, mas que não é desvairada, desmesurada, ensimesmada, autocentrada e agrandada. Pelo contrário. É atributo de quem sabe exatamente o valor que tem.

Que conhece suas virtudes e suas forças, mas que também identifica suas fragilidades e, portanto, tem uma dimensão muito adequada de quem é.

Retomando Fernando Pessoa.

Tudo vale a pena quando aspiramos a coisas grandes por conta das virtudes que temos; quando somos excelentes; quando pensamos com qualidade; quando sentimos com qualidade; quando aperfeiçoamos a vida a cada instante; quando temos uma justa dimensão do próprio valor; quando sabemos bem quem somos e temos consciência de que não somos pouco.

O valor do espírito

Passamos a vida correndo atrás. Atrás de coisas que supomos nos façam falta. As mais necessárias, quando temos condição material precária, e as mais fúteis, quando já somos abastados.

Para correr atrás dessas coisas que supomos nos façam falta, carecemos de recursos. São os meios que nos permitirão adquiri-las. Por isso, antes de correr atrás daquelas coisas, precisamos correr atrás dos meios necessários para tê-las.

Assim, corremos primeiro atrás dos meios para ter as coisas que supomos nos façam falta.

Muitas vezes, a disputa pelos meios é tão voraz, tão renhida, que aquilo que os meios são destinados a nos aportar acabam esquecidos. Nesse caso, nos empenhamos em conseguir meios sem ter muito claro para que fins.

Sabemos exatamente de que meios precisamos, mas os fins diluem-se, tornam-se genéricos, à mercê de circunstâncias futuras. O importante é ter como adquirir. O que adquirir acaba aparecendo quando os recursos estão no bolso.

Esses meios para adquirir aquilo que supomos nos faça falta se objetivam quase sempre em dinheiro. De modo que muitos convertem a própria vida numa busca pelo tal vil metal. É ele que permitirá comprar aquilo que supomos esteja nos fazendo falta.

Nesse caso, a vida será mais ou menos bem-sucedida em função da nossa capacidade de adquirir com dinheiro aquilo que supomos nos faça falta.

Pois é, essa é a vida do dia a dia. Essa é a vida de segunda a sábado. E, para muitos, de domingo também. Essa é a vida que nos permite celebrar um ganho inesperado, uma herança do tio Raimundo, cuja existência ignorávamos solenemente até sermos informados que nos deixara tão generoso legado. Essa é a celebração de quando somos promovidos e temos o nosso salário aumentado, de quando ganhamos algo de valioso.

E assim, muitos de nós passamos pela vida acreditando que alegria e tristeza, felicidade e infelicidade, tudo isso tem a ver com a nossa capacidade de alcançar os meios para adquirir tudo aquilo que supomos nos faça falta.

Porém, vai aqui uma observação. Uma observação importante. Cujo teor integra o *top five* das minhas convicções.

A nossa felicidade depende muito mais das coisas que passam pela nossa cabeça do que dos dinheiros que jazem nas nossas contas bancárias. Depende muito mais daquilo que conseguimos pensar do que daquilo que conseguimos ganhar ou comprar. Depende mais da vida do espírito do que da nossa vida financeira.

Em outras palavras. A nossa felicidade depende de uma competência específica que não é a de obter pecúnia, mas sim pensar com grandeza. Não há, portanto, vida feliz possível de humanos se mulheres e homens menosprezarem o que têm de mais precioso. E o mais precioso da vida humana é a faculdade de pensar. De identificar, de constatar, de conceber, de abstrair, de cogitar, de avaliar, de julgar.

Desse modo, a cogitação augusta, o pensamento elevado, a imaginação nobre são obviamente o nosso maior patrimônio. São eles que nos permitem, mais do que qualquer outra variável acidental da vida, viver bem.

Quanto às coisas que supomos nos façam falta, essas, quando adquiridas, deixam de fazer falta. Ora, se essas coisas valiam justamente por fazerem falta, ao serem adquiridas perdem imediatamente seu valor.

E caso você não as tenha conseguido adquirir, elas continuam fazendo falta na frustração, na tristeza, na vontade de ter o que não se tem. E tudo isso está longe de corresponder a uma vida feliz.

Por isso, compre ou não compre, tenha ou não tenha, ganhe ou não ganhe, enriqueça ou não enriqueça, o certo é que você continuará oscilando entre querer ter mais do que tem ou não precisar mais do que acabou de adquirir.

Por isso, o pensamento elevado, a capacidade de degustar as ideias, o prazer que traz a boa imaginação, a boa conjectura, o bom pensamento, essa sim é a chave segura para uma vida mais feliz. Uma vida protegida das oscilações da bolsa, das subidas e descidas do dólar ou dos humores de um chefe prepotente, diante de quem, genuflexos, clamamos por algumas migalhas a mais.

Felicidade e solidão

Não vejo nenhuma chance de felicidade se você não suporta a solidão. Se você precisa o tempo inteiro do entretenimento oferecido pela presença do outro. Se você é escravo da presença de alguém, porque sem esse alguém você sofre. Se você é dependente de que haja alguém por perto para suportar a própria existência. Nesses casos, é muito difícil que a vida possa ser feliz.

Portanto, talvez esteja na hora de aprender a gostar de ficar sozinho.

Schopenhauer diz isso de maneira clara: feliz mesmo é aquele que busca a solidão. Eu iria mais longe: feliz é aquele que faz mais do que buscar a solidão. É aquele que encontra a solidão, e não só a suporta, mas desfruta dela. Desfruta de estar só. Regozija em estar consigo mesmo.

Esta solidão permitirá um tipo de amadurecimento da alma que só ela proporciona: a reflexão mais densa, a conjectura mais profunda, o pensamento mais consistente.

Quando estamos o tempo inteiro tendo que dar conta das frivolidades de quem nos demanda aqui e acolá para uma tonteira ou outra, acabamos impossibilitados de mergulhar na própria alma e encontrar dentro dela o que há de mais precioso. E o que há de mais precioso é a melhor ideia que podemos produzir.

Por isso eu sugiro a você: ofereça-se a oportunidade da solidão.

Num primeiro momento, talvez não seja fácil. Sobretudo para você, que sempre preencheu a existência com distrações proporcionadas pelos mais próximos. Não estamos falando de uma solidão radical, absoluta, de ruptura profunda com o entorno social. Apenas ofereça-se a oportunidade de ficar em algum momento com você mesmo e isso te permitirá grandes descobertas.

Muito do que sabemos de nós, sabemos porque os outros nos informam. Isso é bem verdade. Esses outros conseguem ver o nosso rosto, conseguem observar o nosso comportamento de longe. Podem nos informar – sobre nós – aspectos e atributos que não conseguimos ver em nós mesmos. Eles, de fato, têm algo a dizer sobre quem somos que, sem eles, não está ao nosso alcance.

Mas existe também um Eu. Um Eu profundo. Um Eu que só pode ser descoberto por si próprio.

Na minha trajetória recente, passei alguns tempos em Portugal. Longe das pessoas que conheço, que estimo, que me fazem bem. E longe das outras também. Um tempo de solidão. E posso lhes assegurar que não foi nada ruim. A ponto de sentir muita falta dessa experiência.

Foi nesse momento que consegui entender quanto a dependência da presença do outro, em muitas situações, tem pouco a ver com sentimentos nobres como o amor e com virtudes nobres como a generosidade. Em muitos casos, essa dependência nos joga num maremoto de ciúme, inveja, rancor e ódio.

O resto da comida

Quando é da gente, é diferente.

Vale até para o cheiro do pum.

Mas vale para o esforço que fazemos, a dor que sentimos, o amor que é o nosso.

O dos outros é sempre só uma dedução. Sem certeza possível. Por comparação com o que sentimos, com nossos próprios afetos, supomos que seja para os outros como é para nós.

São mesmo duas coisas muito diferentes.

De um lado, o próprio afeto. Do outro, a suposição do afeto alheio. De um lado, a dor do próprio parto. Do outro, a dor presumida do parto alheio. De um lado, o próprio orgasmo. Do outro, a suposição do que sente o parceiro que alcança o clímax. De um lado, a própria depressão. Do outro, a depressão do amigo.

De um lado, sentimos o que sentimos na própria pele, na própria alma. Dessa sensação temos certeza. Do outro, o que está a sentir, por exemplo, a família sem recursos, aos prantos, ante a perda de tudo que tinha na enchente implacável.

Certeza podemos ter do nosso amor. Do nosso temor. Da nossa esperança. Da nossa dor. Da nossa atração. Do nosso ódio. Quanto ao que sentem os outros, trata-se para nós de uma mera suposição, baseada no que sentiríamos em situação análoga.

O mesmo acontece para os afetos ensejados pelo pensamento. O prazer que traz o pensamento emanado em primeira pessoa do singular, o prazer que traz o pensamento pensado por si mesmo, o prazer que traz a construção da ideia realizada pela própria pessoa é uma sensação única. Sentida em si mesmo.

Podemos ouvir os outros, aprender com suas ideias. E isso traz boas sensações também. É muito prazeroso ouvir alguém que se expressa com clareza, diz coisas interessantes, explica conceitos herméticos, facilita a compreensão de teorias que já existem.

Mas uma coisa é uma coisa e outra coisa é outra coisa. O prazer do entendimento da ideia alheia é um. O prazer da formulação de uma ideia própria é outro.

Alguém pode dizer, com muita razão, que nosso pensamento não veio do nada. Que a matéria-prima que usamos para formular nossas ideias nos é fornecida pelo outro, na intersubjetividade. Que essa matéria-prima vem colhida na polifonia em que estamos inseridos. Que primeiro ouvimos muito, aprendemos os signos, as palavras, seus significados, e só depois nos servimos de tudo isso para pensar por conta própria.

Tudo isso é muito pertinente.

De fato, nossa consciência é povoada por signos aprendidos intersubjetivamente nos universos sociais que frequentamos. Que todo signo é ideológico e de neutro não tem nada. Que só as palavras são flexíveis o suficiente para permitir ao espírito a produção de pensamento sobre as coisas do mundo. Está tudo certo.

Mas nada disso muda o que eu disse no começo.

Quando produzimos um pensamento próprio, que vai muito além do mero entendimento do pensamento alheio, esse pensamento vem carimbado por um afeto, por uma intensidade, por um gozo, por um prazer que não tem nada a ver com o prazer de entender o pensamento flagrado na lavra alheia.

Assim, durante tanto tempo, eu pude ler, estudar, aprender com os clássicos, com as pessoas que me orientaram ao longo da minha trajetória de estudante. E, claro, foi uma delícia aprender com eles. Foi prazeroso descobrir que tinham algo importante a dizer.

Mas nada tem a ver com a sensação que sentimos quando somos nós mesmos a fazer surgir um pensamento, a parir uma ideia, ainda que inspirada, apoiada ou relacionada com a ideia do outro.

Porque ela foi por nós mesmos elaborada. Temos um gosto enorme em apresentá-la, em produzi-la, em enunciá-la, em discursá-la.

Talvez por isso, o grande Schopenhauer tenha afirmado que o pensamento dos outros, quando lido por nós, é como restos de comida já degustada pelo outro.

De fato, na hora em que você vai comer resto de comida, é esquisito, não é próprio, é o que o outro deixou, é o que o outro não quis, é o que o outro rejeitou. É uma comida já mexida, já degustada em parte, já fria.

Agora, quando é você mesmo a produzi-la, a elaborá-la, a cozinhá-la, a fazê-la, virginal ali no arrozinho quente com alho, nossa, aí é outro sabor, é outra história, é outra vida.

Com o pensamento, segundo Schopenhauer, acontece a mesma coisa. Quando é a gente que pensa por conta própria, a sensação que temos é de uma intensidade ímpar. Agora, estamos diante do pensamento alheio, do que o outro pensou e enunciou, é como comer o resto de feijoada que ele não quis mais.

Isso foi o que disse Schopenhauer.

Acho que há aí um tiquinho de exagero, muito cá entre nós. Que são sensações diferentes, não há dúvida. Mas dizer que a leitura de um clássico de um autor genial possa ser comparada a comer o resto de comida que alguém não quis mais, aí eu acho que o filósofo alemão forçou a barra.

Ainda assim, fica o convite. Para que você nunca pare no que disse o outro. Porque sempre é possível ir além, sempre é possível juntar lé com cré, sempre é possível pegar uma ideia aqui, outra acolá e produzir uma terceira.

Sempre é possível dizer o contrário do que disseram os grandes. Sempre é possível problematizar, relativizar, acrescentar, comparar, diferenciar, antagonizar, e aí, por mais próximo que seja do que já foi dito, será novo, será seu, será próprio.

E, na pior das hipóteses, mesmo que o que você tenha pensado não seja lá muito brilhante, tal como o cheiro do pum, é bem mais tolerável quando sai de nós mesmos.

Essa foi nossa reflexão. Se você gostou muito, leia a próxima. Se não gostou muito, porque achou escatológico demais, dê uma outra chance a este explicador que vos fala. Porque na próxima não tem escatologia. Eu prometo.

Agora, se você odiou o que leu, nesse caso, indique a leitura para aquelas pessoas a quem você augura tédio, dor e sofrimento.

Será que conhece mesmo?

Muita gente fala que é preciso se conhecer melhor. Para ficar mais claro, afirmo ser preciso conhecer melhor a si mesmo.

A sugestão não é propriamente uma novidade. No oráculo de Delfos, em pleno templo de Apolo, lá na antiguidade mais distante, já constava em destaque o famoso "conhece-te a ti mesmo".

Apesar de bem antigo, o autoconhecimento está na moda em tempos de hoje. Gente graúda e cheia de seguidores garante que quanto mais conhecermos nós mesmos, maior será a chance de vivermos uma vida boa.

Pois bem. Cabe-nos aqui fazer o papel do mala que quer tudo muito bem explicadinho. Nos seus míííííííínimos detalhes.

Mas o que será que essa história de conhecer-se a si mesmo quer dizer exatamente? A que estão se referindo? O que há a conhecer quando falamos de nós mesmos?

Para facilitar nossa tarefa, comecemos pelo conhecimento de alguém outro.

Se você diz que conhece uma tartaruga, está querendo dizer que João a viu alguma vez.

– É a tartaruga Paula, eu já vi. Eu a conheço, ela é grande e glutona.

Nesse caso, conhecê-la ficou por conta da extensão e da dieta.

Mais adiante, você também diz:

– Eu tinha um amigo quando eu morava em Itu. Chamava-se Bernardo.

O interlocutor responde:

– O quê? O Bernardo de Itu? Você está zoando. Aquele que tocava clarineta?

– Ele mesmo.

– Nossa, conheço o Bernardo...

– Conhece de onde?

– Estudou comigo lá no Salesiano...

Nesse caso, o conhecer ficou por conta de uma certa convivência, de uma reunião institucional. Estudaram na mesma escola. Fizeram o mesmo curso.

O da tartaruga Paula diz que a conhece porque já a viu; o do Bernardo diz que o conhece porque estudou na mesma escola.

Haverá ainda quem diga:

– Vixe, esse eu conheço muito bem, fui casada com ele, ou fui casado com ele, ou fui casada com ela... [Estou tentando contemplar todas as possibilidades para ninguém ficar zangado comigo.] O casamento durou dez anos. Deu tempo de conhecer bem a peça.

Nesse caso, o conhecimento adviria não de já ter visto, não do vínculo institucional, mas da intimidade longeva.

Pois é. Como podemos ver, aquilo que parece assegurar o conhecimento de alguém pode variar bastante. Mas o tema desta reflexão não é o conhecimento de alguém outro. Mas de si mesmo.

E agora? Será que podemos nos servir das mesmas condições de conhecimento mencionadas para os outros?

Comecemos por conhecer por já ter visto. Sim, já nos vimos. Como é óbvio. Mesmo que esse ver não se refira ao sentido da visão. Vale para o deficiente visual. Ninguém dirá que se conhece porque já se viu. Seria uma grande estupidez.

Quanto ao vínculo institucional, em todas as instituições que o nosso eu já frequentou nós estivemos também. O Eu está sempre consigo. Alguém afirmar que se conhece porque frequentou as mesmas instituições que si mesmo justificaria internação.

Finalmente, no que diz respeito à intimidade, é difícil encontrar alguém que tenha tanta intimidade conosco como nós mesmos. E por mais que já nos tenhamos tocado e estimulado de todo jeito, ninguém afirmará se conhecer só por causa disso.

Então continuamos com o problema. Nenhuma dessas reflexões do senso comum sobre conhecer alguém, ou conhecer alguma coisa, faz muito sentido quando nos referimos ao autoconhecimento.

Sugiro um livre passeio do pensamento. Proponho apresentar o que nos vem à cabeça sobre nós mesmos. De modo livre e espontâneo. Quem sabe não tiramos daí algo consistente.

Como estou com a palavra, começo sem delonga.

Digo que me conheço porque nunca fui muito veloz ao correr. Bacana. Uma habilidade, ou melhor, uma inabilidade que remonta ao mais longe que a memória sobre mim mesmo consegue ir.

Digo também que sou avesso a confrontos. Tento arredondar o máximo que posso as arestas das minhas relações. Talvez porque tenha medo da violência de que possa ser vítima.

Ligado ao atributo acima, nunca fui propriamente um corajoso. Eis uma virtude, ou melhor, uma falta de virtude. Também chamada de vício. Sempre tive receio da zanga alheia. Prefiro abrir mão a confrontar.

Não sou fã de grandes esforços. Em especial, os físicos. Desses que resultam em cansaço. Entendo-me mais como preguiçoso do que o contrário.

Verdade que, para as coisas do pensamento, o cenário muda um pouco. Posso me dedicar bastante em meus estudos. Não por nobreza de espírito, com certeza. Mas porque é preciso viver. E, no meu caso, sempre foi preciso ter algo a dizer.

Nunca fui muito rápido para entender as coisas. Sempre levei mais tempo do que a média. Sempre precisei de mais perguntas do que meus colegas. Sempre precisei explicitar o que para os outros era óbvio. A astúcia e a sagacidade nunca estiveram em destaque no meu cardápio.

Nunca fui tido por um homem bonito. Desde sempre. Por isso talvez nunca tenha sido propriamente cortejado. Verdade que nos tempos mais recentes essa repulsa diminuiu um pouco. Surgiram até pretendentes a uma vida a dois. Apesar da feiura.

Nunca tive autoestima muito elevada, como, aliás, podem perceber pelos atributos que estou a listar. De modo que quando me cobram alguma avaliação de mim mesmo, a tendência é de destacar o ruim.

Como podem observar, não sou completamente ignorante sobre mim mesmo. Segundo dizem os entendidos em vida humana, essa consciência desses meus atributos pode me permitir instantes de vida menos ruim, impedir que caia em enrascadas, que não me lance em aventuras para as quais não estou qualificado etc.

Mas alguém outro que também afirma me conhecer poderá discordar do que estou afirmando sobre mim mesmo. Se não completamente, pelo menos em parte. Apontará situações que, no particular da circunstância vivida, parecem desmentir os atributos que me atribuí.

Sem falar que tudo que disse parece um pouco engessado, fixo. Como se nada disso tivesse mudado ao longo do tempo, como se o fluxo dos encontros com o mundo, ao longo da vida, não tivesse mexido aqui e acolá, retocando de um lado e estragando de vez do outro.

Por isso, fiquei pensando em outras coisas para se conhecer sobre si mesmo.

Mais especificamente, o modo como somos afetados pelo mundo, cada um de nós em particular, em suas infinitas realidades constitutivas, ao longo dos ininterruptos encontros que com elas realizamos.

Nesse caso, conhecer-se implicaria poder identificar o que alegra e o que entristece. Identificar o que no mundo nos potencializa ou, pelo contrário, apequena, rebaixa, reduz a potência, aproxima da morte.

É por meio das alegrias e das tristezas efetivamente sentidas que aprendemos o que – no mundo – nos alegra e o que nos entristece. E é por meio desse mesmo mundo que aprendemos que somos aquele que, diante dessa ou daquela de suas partes, se deixa alegrar ou se deixa entristecer.

Assim, por exemplo, quando assisto ao José Wilker em *Senhora do Destino*, eu me alegro muito.

O mesmo com Paulo Betti em *Tieta*. Ou Ary Fontoura em qualquer novela.

Essa constatação me proporciona uma incrível descoberta sobre mim mesmo. Que um personagem como Giovanni Improtta, o ex-bicheiro, me traz alegria, me faz rir, me enternece.

Por isso, as alegrias e as tristezas sentidas, quando trazidas para a consciência, quando relacionadas com suas causas mais genuínas, nos ajudam demais a um conhecimento de nós mesmos.

Esse conhecimento nos permite ir atrás do que nos alegra e, sobretudo, afastar-nos do que nos entristece, apequena, avilta, rebaixa e mata. Permitindo, assim, pensar, de fato, numa vida melhor.

Antes de me despedir, e se a memória não me falhar, sublinho que o grande Goethe, poeta alemão, terá dito algo do gênero:

"Se temos alguma chance de nos conhecer é justamente através das alegrias e das tristezas que sentimos".

Pois eu assino embaixo. Ainda que esse meu endosso seja cabalmente irrelevante para o andar da carruagem do espírito humano.

Grande abraço.

Passageiros do amor

"Quanto mais amor tivermos, tanto mais fácil será a nossa passagem pelo mundo." Essa frase é de Immanuel Kant, talvez o mais importante filósofo moral de todos os tempos.

Vamos lá. Não custa ler de novo. Quanto mais amor tivermos, mais facilmente fazemos a nossa passagem pelo mundo.

Ora, em primeiro lugar, chama a atenção a ideia de passagem pelo mundo.

É curioso esse modo de designar a vida como uma passagem. Essa palavra nos remete a um lugar por onde se passa, no caso, o mundo. Mas remete também a um tempo. Um intervalo de tempo. Um delta T entre o nascimento e a morte.

O leitor concordará comigo: quando usamos o termo passagem, estamos designando um espaço-tempo que não vale por si. Cujo valor é meramente instrumental. Meio que conduz.

Por isso, dizer que tal lugar é passagem para chegar a outro lugar parece rebaixar o primeiro e enaltecer o segundo. Morei um ano no Rio de Janeiro num bairro que era alvo dessa chacota. Diziam que onde eu morava não era bairro, mas sim passagem. Mera passagem.

Deixando essa questão da passagem (mencionada por Kant) de lado, o que nos interessa mais nesta reflexão é o amor. Mas não o conceito ou o termo em si. Lembrando que conceito e termo não são sinônimos.

A afirmação de Kant aponta o amor como um elemento facilitador da vida. Como um elemento que torna a vida, eu diria, menos difícil, menos complicada, menos agressiva, menos hostil, menos medonha, menos triste, menos angustiante.

Pois muito bem, esta é a proposta de Kant: quanto mais amor tivermos, mais fácil será a passagem pela vida, pelo mundo.

Notemos que ele usou o termo fácil, facilitador. Ele não disse agradável, exuberante, incrível, maravilhoso, fantástico. Ele disse "mais fácil".

Esse "mais fácil" é indicativo de uma certa moderação. Quando o filósofo diz "mais fácil", não está dizendo que será propriamente fácil. Não se trata de um fácil absoluto. Mas um fácil relativo a uma outra vida possível, mais difícil. E essa vida mais difícil seria, segundo o filósofo, sem amor.

A ideia parece ser esta: passar pelo mundo é difícil. Nada que já não tenhamos constatado desde cedo. Porém, quanto mais amor tivermos, mais fácil será, menos difícil será.

Pois bem. Chegamos agora à questão do amor.

O amor em Kant deve ser entendido à moda de Jesus de Nazaré. Kant teve formação evangélica, era um cristão. Quando fala de amor se reporta ao amor de Jesus. Ressaltemos que o filósofo não pensava como um religioso, mas sim "nos limites da simples razão".

Ágape. É o termo usado para designar esse amor de Jesus. Uma propensão a viver empenhado em proporcionar a alguém, ao próximo, a qualquer um, um sorriso, uma alegria, uma vida boa, um encantamento, algo de positivo. Bem como diminuição da dor, da angústia, da tristeza.

Portanto, trata-se de uma maneira de viver em que o outro tem uma importância imensa, uma importância definitiva.

Esse amor é o grande valor da vida para Jesus. Por isso, a vida de qualquer humano só terá pleno valor se o outro tiver uma imensa relevância.

No caso de um professor, passamos décadas empenhados na educação, na lucidez do aluno. Seja o aluno quem for. Que não conhecíamos no início do ano. Um aluno que exemplifica bem a figura do "próximo". Manifestação do amor do professor pelo aluno.

Um amor incondicional. Que não espera nenhum tipo de contrapartida. Que não está condicionado a nada. Que pode existir mesmo em cenários de violência, hostilidade e ódio de que o professor pode ser vítima recorrente.

Vale a pena insistir.

A importância existencial da noção de amor está em você ser convidado a amar qualquer um. O que inclui pessoas que você nunca tinha visto antes, que não conhecia, com quem não tinha nenhum vínculo prévio, mas que, por serem humanos como você, são dignos desse amor.

Esse amor é bom para quem é amado, claro. Mas é bom também – e talvez sobretudo – para quem ama.

É o maior valor da vida, segundo Jesus.

Retomando a afirmação de Kant. Quanto mais amor tiver, mais fácil será a passagem pelo mundo. É como se o filósofo estivesse sendo cauteloso. Moderado. Prudente. Como se estivesse sugerindo: não sei se a vida será incrível, fascinante, maravilhosa, exuberante. Limito-me a afirmar que, havendo amor, ela será mais fácil.

Em outras palavras, a passagem de qualquer humano pelo mundo será mais fácil se ele tiver o outro em conta máxima, se lutar pela sua alegria, pela sua felicidade, pela sua vida boa.

Se só houver egoísmo, mesquinharia, escrotice, se humanos só pensarem na própria carreira, no próprio conforto, no próprio bem-estar, no próprio reconhecimento, na própria notoriedade, celebridade, glória, nesse caso a vida desses humanos, sua passagem pelo mundo, tenderá a ser mais difícil.

Pense sobre isto: segundo Kant, oferecer-se, fazer fluir por você os recursos do mundo, dar causa à alegria alheia, diminuir a dor alheia, facilita a vida ao invés de complicar.

Nesse caso, Madre Teresa de Calcutá terá tido passagem pelo mundo mais fácil do que um eventual gestor preocupado tão somente em conservar seu emprego e, para isso, obstinado em aumentar o lucro de seus empregadores.

Hoje é um dia como outro que será mais fácil de ser vivido se você tiver algum amor no coração.

Humor e explicação

Nietzsche diz: "A potência intelectual se mede pela capacidade de humor que o pensante consegue imprimir sobre o seu pensamento".

No que me diz respeito, uma das críticas que mais frequentemente me foram dirigidas pelos colegas professores na universidade tinha por objeto o uso excessivo do humor nas aulas.

Naquela época, muito mais do que hoje até, eu usava o recurso da ironia, do deboche, da chacota (em especial, em relação a mim mesmo) como instrumento para atrair a atenção dos alunos.

Como a abstração costumava determinar junto aos alunos um cansaço, uma perda progressiva de atenção, eu intercalava conceitos com exemplos pitorescos, bizarros, inesperados do dia a dia.

Quando percebia que tinha conseguido reconquistar a atenção, eu lançava outro conceito.

Com efeito. O conceito, que é sempre abstrato, tem junto a determinados públicos um impacto desmobilizador. Por não atribuir imediatamente sentido ao que foi enunciado, há queda de atenção por parte do aluno em relação à mensagem docente.

Para combater esse movimento psicológico tão conhecido, eu lançava mão de algum conteúdo inesperado e engraçado. Esse recurso estancava a dispersão e recuperava o *status quo* primeiro. O vigente no início da apresentação do conceito.

As aulas se convertiam numa ondulação que ia de picos de abstração a exemplos bem concretos e jocosos, de fácil compreensão por qualquer tipo de repertório.

Essa estratégia sempre foi duramente criticada pelos colegas. Alguns argumentos apresentados por eles eram bem pertinentes. Um desses argumentos fortes era que esse meu procedimento poupava o aluno de associar os conceitos a situações concretas de vida que são as dele. Como se eu fizesse pelo aluno uma tarefa que caberia a ele executar.

Caberia a ele, aluno, se esforçar para encontrar, por conta própria, o vínculo entre os conceitos e a particularidade das situações de vida vivida. E o docente não deveria fazer isso por ele. Entregar tudo pronto. Tudo completamente explicado. Com exemplos e tudo. Tirando dele a chance de vasculhar por conta própria os vínculos entre o que se pretendia ensinar e o que ele, aluno, já dispunha de experiência de vida.

Outro argumento importante, de pessoas que eu aprecio e admiro muito, defende que todo conceito deve ser trabalhado intelectivamente no seu interior por intermédio de recursos lógicos que não recuam no nível de abstração já alcançado.

Nesse caso, todo exemplo seria redutor, apequenador, empobrecedor. Impediria o aluno de permanecer em níveis elevados de abstração e o habituaria a precisar vincular o abstrato a alguma particularidade de circunstância.

Acredito que, no mundo ideal, seria bacana que os alunos degustassem uma aula conceitual abstrata por ela mesma sem nenhum exemplo. E que isso talvez pudesse mesmo levá-los a um estágio avançadíssimo de abstração e competência intelectual.

Porém, como sabemos, essa não é a realidade que encontramos no dia a dia em sala de aula. Os alunos, em grande número, estão obnubilados pelos problemas, dramas pessoais, dificuldades existenciais. Sem falar de uma cultura em que a atenção por longos períodos é cada vez menos provável. Por isso, sempre recorri à ironia, ao humor, para me fazer compreender, para melhor ensinar.

Qual não foi minha surpresa ao encontrar, no meio da extensa produção filosófica de Nietzsche, um apoio decisivo à minha estratégia. Um vínculo entre o humor e a potência intelectual. Fiquei muito feliz em não estar tão isolado nessa minha convicção.

E digo mais. A iniciativa tão especial de zombar de si mesmo, caçoar da própria vida, destacar os próprios fracassos, pressupõe a problematização dos valores que sempre regeram as próprias escolhas. Eis um traço de sanidade e condição para o aperfeiçoamento de si mesmo como vivente, como pessoa e como instância decisória da própria vida.

Leitura de pijamas

Hoje vou falar de beleza. Mas não de qualquer beleza. Da beleza das pessoas.

E não de qualquer beleza das pessoas. Mas da beleza das pessoas por quem nos encantaríamos, por quem nos apaixonaríamos, que amaríamos, ou que simplesmente nos atrairiam.

Acho que ficou claro. Beleza das pessoas que exercem sobre nós afetos importantes.

O que me ocorreu dizer, nesta reflexão matinal, a respeito desse tipo de beleza, é curiosidade que observo em mim já há algum tempo.

Eu contemplo as pessoas, como muita gente faz, e eu identifico alguma beleza nas pessoas, como também muita gente faz. Porém, acontece comigo, ao longo dessa atividade de contemplação do outro, algo que me chama a atenção.

Antes de revelar do que se trata, vale a pena uma advertência de aperitivo.

Refletiremos sobre a beleza como atributo do corpo flagrado no outro. Insisto que estou falando de corpo. Não estou falando de alma, de vida do espírito, de pensamento, de discurso, de ideias, valores, sensibilidades manifestas etc. Apenas de corpo.

Um corpo particular belo me atrai. Ou pode me atrair. Exerce sobre mim um afeto de atração, para falar com mais rigor. Essa atração corresponde a desejo de aproximação, pretensão de intimidade, de posse, de atrito etc.

Essa beleza que simplesmente atrai pode vir indicada por expressões, eu diria, de camaradagem, ou populares, ou chulas do tipo "tal pessoa é gostoso ou gostosa; tal pessoa é um gato ou uma gata; tal pessoa é, como se dizia antigamente, um pão (que é coisa que se come mesmo)".

O curioso reside no seguinte: há uma outra beleza que produz outro tipo de efeito, bem diferente da simples atração. Um efeito que vou denominar aqui encantamento. Que pode se converter em enamoramento.

Se você me perguntar quais são os atributos da beleza de atração e da beleza de encantamento, eu direi que, no primeiro caso, obviamente depende da pessoa atraída por esse ou aquele belo corpo. No segundo caso, o do encantamento, a discussão pode ser renhida.

Haverá quem sustente tratar-se também de simples questão de gosto. Mas há quem defenda atributos de beleza, digamos, objetivos, que independem do observador. Costumam argumentar esses últimos que, se assim não fosse, não se explicaria tanta concordância a respeito de corpos belos e feios.

Mas essa discussão não nos interessa nesta manhã.

O que eu gostaria de dizer hoje, a respeito da beleza, é que, no meu caso, tenho absoluta convicção de que o corpo belo que me atrai mais imediatamente não é o mesmo que me encanta.

Não parece estranho?

Dizendo de outro modo.

O corpo encantador, de beleza indiscutível e que temos vontade de dizer que beira a perfeição costuma não me atrair. Inversamente, minha bioquímica dos apetites entra em ebulição por corpos pouco ou nada alinhados com os critérios de harmonia e elegância que costumam encantar seus admiradores.

Você perguntará:

– Não será isso consequência de um aprendizado social, estereotípico, preconceituoso de que algumas pessoas têm, digamos, um tipo tal de corpo tido por mais adequado para relações mais longevas, relações mais profundas, mais comprometidas, enquanto outros corpos são mais apetecíveis para atividades mais contidas no tempo, afetos mais líquidos e envolvimentos afetivos de índole mais prazerosa e menos institucional, em relações mais epidérmicas, mais frívolas, mais fluidas, mais líquidas, mais fugazes?

Eu te respondo que é possível. Ainda assim, eu gostaria de submeter essa avaliação ao seu olhar crítico.

O mais conhecido filósofo espanhol de todos os tempos, José Ortega y Gasset, diz algo sobre essa questão que me chama a atenção pela aparente proximidade em relação à minha própria experiência.

Não abro aspas porque não confio tanto assim na minha memória.

Ele afirma que a beleza que atrai raramente coincide com a beleza que enamora, que apaixona. Suponho que o filósofo tenha se referido mais a apaixonar mesmo.

De modo que, para Ortega, a pessoa que, por conta da beleza de seu corpo, atrai de pronto alguém que a observa raramente conseguirá com esse afeto de atração que seu observador por ela se apaixone. O que pode ser tranquilizador, dependendo da natureza das intenções.

Essa afirmação nos leva a inferir que, ainda segundo Ortega, as grandes paixões raramente têm sua origem numa simples atração física.

Bem, meus amigos, submeto-vos esta análise à reflexão.

Lembro que o uso de óculos, desses que uso para leitura, não costuma ser atrativo num primeiro momento. E se você pensa que despertam grandes paixões num segundo momento, saiba que num segundo, terceiro e quarto momentos tampouco encantam quem quer que seja.

Portanto, há também essa possibilidade. A alternativa nem, nem. Nem atrai, nem encanta.

Mas como comecei falando de beleza, concluir com a imagem do professor que vos fala em prática de leitura, quem sabe de pijamas, é escorregar feio, derrapar longe do tema, resvalar para o outro lado da sala, refletir servindo-se do contrário.

Só entro pra ganhar

Em todo jogo, os jogadores buscam a vitória. O próprio jogo define a ocorrência ensejada pelo vitorioso. No futebol, é o gol; no basquete, a cesta; na natação, a chegada em menos tempo a partir da largada; no xadrez, na dama, no gamão, no pôquer, enfim, em cada jogo o vitorioso logra, dentro da conduta autorizada, obter um resultado conhecido por todos como indicativo do triunfo.

Quando no jogo os jogadores não têm interesse pela vitória, não há jogo. Para haver jogo é preciso haver desejo de ganhar.

Ora, como é óbvio, a vitória de um ou de uns pressupõe a derrota dos demais competidores. Desse modo, em todo jogo é preciso lutar pela derrota dos adversários.

Em outras palavras, no jogo é preciso empenhar-se na tristeza do outro. Dedicar-se para que saia derrotado. Caso não haja essa disposição, esse interesse, essa luta pela tristeza alheia, não há jogo.

Em todo jogo, a luta por si mesmo, pela posição mais vantajosa para si ou para o grupo a que se pertence, é uma constante. Desse modo, no jogo não há espaço para hipocrisia, elegâncias descabidas, diplomacia aflorada.

O segundo ponto importante de todo jogo é a existência de normas. E, claro, elas precisam ser respeitadas pelos jogadores e asseguradas por eventuais árbitros. Portanto, toda luta, esforço e empenho pela vitória estarão circunscritos ou limitados pelas regras do jogo.

Essas regras definem a conduta, a estratégia, a iniciativa desautorizada. Isso faz com que uma eventual vitória que decorra de uma dessas manobras seja impugnada. Não existida. Não se realize no interior do jogo.

Resumindo o que dissemos até aqui.

Todo jogo tem dois elementos constitutivos fundamentais: o primeiro é a busca do troféu, e o segundo é o respeito às normas.

Juntando lé com cré, concluímos que tudo que a norma permite indica possibilidades e canaliza potencialidades a serem exploradas pelos jogadores, no sentido da vitória de si mesmos e da derrota do adversário.

Por isso, em todo jogo, do ponto de vista de um jogador, uma vez respeitadas as normas, é ele que tem que ganhar, e o outro é que tem que perder.

Não há, portanto, no jogo, espaço para um tipo de comportamento em que você, de modo generoso, abre mão da vitória em nome da alegria do outro.

Isso costuma acontecer quando dizemos que estamos jogando só de brincadeira ou estamos só nos divertindo. Ocasião em que o resultado não importa, a vitória não é perseguida com todo o empenho pelos contendores e a contagem do placar perde o sentido.

O que dissemos até aqui nos permite agora subir um degrau em ousadia. Quando o jogo é pra valer – quando há propriamente jogo –, não há amor pelo adversário. Pelo menos não um amor que comprometa ou coloque em xeque a busca egoísta da vitória.

Havendo jogo, há, sim, postura em que o Eu deve ter preferência em relação a qualquer outro.

Muitos jogadores de futebol são amigos de seus atuais adversários. Já jogaram no mesmo time em outros momentos. Mas sempre asseguram que quando o juiz apitar o início da peleja será cada um lutando pela sua equipe, isto é, por si e, portanto, cada um se empenhando pela própria vitória e pela derrota do outro.

Em contrapartida, quando o pai joga com o filho pequeno, ama o filho, deixa o filho ganhar, sabemos que não há propriamente jogo. Há uma simulação de jogo. No máximo, um treinamento de jogo. Há oportunidade de o filho brincar um pouco. Mas jogo mesmo não há. Porque no jogo o amor cede espaço ao egoísmo, à busca da satisfação de si mesmo, pela vitória.

Ora, por conta de tudo que dissemos, Platão tomou a palavra um dia. E finalmente chegamos ao ponto central desta reflexão.

Platão afirma mais ou menos o seguinte. Digo mais ou menos porque, como você já sabe, minha memória é mais apegada ao teor das ideias do que às palavras efetivamente usadas pelo pensador.

Platão diz: "Você pode descobrir mais sobre uma pessoa em uma hora de jogo do que em um ano de conversa".

Vou repetir a frase de Platão. "Você pode descobrir mais sobre uma pessoa em uma hora de jogo do que em um ano de conversa."

E olha que Platão era discípulo de Sócrates, e Sócrates era um exímio conversador, gostava de dialogar. Claro está que esses diálogos socráticos não configuravam uma conversa trivial, de guarda baixa. Eram estratégias pedagógicas para ensinar a pensar filosoficamente.

Então, por que razão uma hora de jogo permitiria conhecer mais do que um ano de conversa?

Ora, porque durante o jogo as pessoas se mostram de modo muito mais transparente, cristalino, e comunicam muito mais imediatamente seus desejos, interesses, apegos e valores do que quando elaboram seus discursos.

Pode ser bem chocante aos ouvidos de um espírito mais virgem a afirmação de que no jogo não haja espaço para o amor. Em especial para aqueles que veem no esporte uma via nobre de formação dos jovens. E, ao mesmo tempo, consideram o amor, esse de dar a outra face, como o grande valor da vida.

Você pode refletir sobre isso. Posicionar-se a respeito da reflexão platônica que apresento aqui pela última vez: "O jogo mostra mais sobre os jogadores do que a conversa sobre os conversadores".

Certezas provisórias

Durante muito tempo eu disse coisas como: "Olha, o que eu acho é isso, mas não vou gastar um joule para me estressar com você. Se não quiser concordar, não concorde. Se tiver que me desdizer, o farei com muito gosto. Sem a menor hesitação".

E quantas e quantas vezes eu fui achincalhado.

"Como é que você pode dizer isso? Que não vai gastar um joule para defender aquilo em que você acredita! Que abre mão de lutar pelas suas crenças! Que não está nem aí! Que não se importa! Como assim?!"

Bom, então vamos lá.

O que eu quero dizer é que eu dou muita importância, muita importância mesmo, ao que eu sinto.

Quero dizer com isso que dou muita importância à potência de viver, de existir, bem como às suas oscilações.

Desse modo, importo-me muito com aquilo que põe a minha potência para cima, isto com tudo que me alegra, bem como com aquilo que põe a potência para baixo, isto é, com o que me entristece.

Isso sim, para mim, tem uma importância visceral. Porque é a própria vida que está em jogo.

Desse modo, eu acabo me conhecendo cada vez melhor. Identificando em meio às experiências no mundo aquelas que me convêm. Os encontros com o mundo que me são ou foram potencializadores. Bem como aqueles que me apequenaram.

E aí, veja que interessante.

Uma coisa que me potencializa é explicar com clareza o que outros afirmaram. De preferência, outros que tiveram algo de interessante ou de especial a dizer. Essa atividade de explicar me encanta. Por isso, eu não abriria mão dela de jeito nenhum.

Essa minha explicação requer alguma competência interpretativa, algum repertório pertinente ao tema explicado, e algum conhecimento da extensão do repertório dos meus interlocutores. Isso tudo conta demais para mim.

Sou um obstinado pela compreensão do aluno. Acredito muito na possibilidade de o aluno pensar melhor a partir de certas ideias. E é importante que ele as compreenda para poder geri-las e depois criticá-las ou aplicá-las se for possível.

Outra coisa bem diferente é o que eu acho sobre essas ideias ou sobre qualquer outra coisa do mundo. Muito embora eu goste de buscar a verdade, imagino que todas as minhas opiniões sejam passíveis de muita dúvida, de muito questionamento.

Tudo em que eu acredito, que penso estar certo, pode estar muito errado. E é exatamente por isso que eu não abro mão da capacidade de pensar melhor. Sem, contudo, me apegar aos resultados provisórios da vida do meu espírito, às convicções de circunstância, que podem estar equivocadas por demais.

Por isso, eu não sou um dogmático ou um fanático, que não abre mão das suas certezas e não admite a possibilidade de estar equivocado a respeito de temas e de coisas que são muito fundamentais ou muito importantes.

É nesse sentido que eu digo que estarei sempre disposto a revisitar as minhas convicções. E disso eu não abro mão.

Mas justamente por estar sempre disposto a revisitar as minhas convicções é que posso abrir mão delas, desde que o argumento contrário seja superior, o que, aliás, acontece com muita frequência.

Desse modo, continuo aberto, com a porosidade necessária, para continuar aprendendo.

O contrário disso é acreditar que tudo já está sabido. Que a verdade é definitivamente coincidente com as próprias convicções.

Nesse caso, perde-se a oportunidade de – pensando de novo – avançar, conquistar, ir além, subir mais um degrau na escada, em suma, ir mais longe.

Por isso eu não gasto nenhum joule em defesa obstinada de minhas convicções. Mas gasto todos os joules da vida para questioná-las, criticá-las e, assim, aprender mais.

Bertrand Russell, grande filósofo, grande pensador, grande polemista, afirmou:

"Eu não morreria por nenhuma das minhas crenças".

Se morreria ou não, cada um dramatiza a seu gosto. Alguns dirão simplesmente que não põem a mão no fogo por nenhuma de suas crenças.

Era isso que eu tinha para dizer.

Se você gostou, continue lendo e, se gostou ainda mais, leia de novo, porque esta reflexão é muito oportuna. Sobretudo em uma sociedade que não valoriza a inteligência questionadora, mas sim a certeza arrogante dos ignorantes.

Educar para quê?

A educação é um imenso desafio. Para um humano, ser educado é muito relevante. E por quê?

Antes de mais nada, porque não nascemos prontos. Como se interrompêssemos prematuramente a gestação. A nossa natureza é tal que não se encontra, por si mesma, em condições de assegurar sobrevida. A vida de homens e mulheres requer mais do que a natureza disponibiliza como instinto.

Enquanto outros viventes já nascem dispondo de tudo, ou quase tudo, de que precisam para viver com grande suficiência, humanos passam boa parte de sua vida aprendendo a viver. Buscando em vida o que a natureza não lhes proveu.

Homens e mulheres, portanto, precisam ir além daquilo que a natureza lhes oferece de imediato. É por isso que necessitam ser educados. A educação é entendida como condição de vida boa.

Sempre é bom lembrar que essa educação é providenciada, de modo mais ou menos organizado, pelos outros, pelo coletivo, pela sociedade a que se vai pertencer. O outro serve aqui de compensação para as lacunas de funcionalidade que a natureza do humano claramente apresenta.

O leitor levanta a mão e pergunta:

– Mas onde está o problema?

Se não nascemos prontos, que sejamos educados de pronto. Para que possamos estar em condições, quanto antes, de tocar a vida com alguma autonomia.

O problema é que é possível educar de um milhão de maneiras diferentes. Um milhão aqui é modo de dizer. São muitos modos de ensinar a viver, de preparar para a vida.

Antes de mais nada, os métodos, protocolos e procedimentos educacionais dependerão do resultado que pretendamos alcançar. Da ideia que nós façamos de uma vida boa.

Se nos perguntássemos mais amiúde: “Educar para quê?” ou “Qual é o resultado que podemos esperar após anos de investimento em educação?”. Ou ainda “Que tipo de vivente queremos formar?”, “Que tipo de competência queremos desenvolver para assegurar uma boa educação?”, a discordância seria tão significativa, sobretudo no mundo dito polarizado dos nossos dias, que a discussão parece cuidadosamente evitada.

Desse modo, entende-se que as instâncias educativas funcionam como só poderiam funcionar; os currículos só poderiam mesmo conter as unidades de conhecimento que contêm, como se não fossem resultado de uma decisão, de uma escolha, de um filtro.

Os currículos escolares, como todo instrumento de dominação simbólica eficaz, camuflam com maestria o viés de arbitrariedade que reside em sua definição, atendendo, assim, aos interesses daqueles que se encontram em posição de auferir vantagem por serem as coisas como são.

Todos nós entendemos que a educação é um meio necessário. Porém, não sabemos direito para qual fim. Ora, é impossível discutir criticamente os processos pedagógicos se não tivermos ideia do tipo de educando que esperamos ter no final do processo.

Para deixar mais claro.

Todo caminho só é bom em função do modo como nos permite alcançar o destino. Seja pela velocidade, pela distância, pelo prazer que proporciona ao longo do percurso ou qualquer outro critério que se tome.

Mas o valor de todo caminho está vinculado ao destino que permite alcançar. Aliás, é da própria essência do caminho a consideração do ponto de partida e do ponto de chegada.

Ora, por amplo e impreciso que possa parecer, acreditamos que a educação deva permitir a humanos alcançar uma vida boa. Muitos preferirão, no lugar do termo vida boa, o termo felicidade. Não há nisso nenhum ganho de precisão, é bom que se diga.

Nesse caso, a educação deve capacitar educandos para que alcancem, de modo mais ou menos autônomo e soberano, em meio a suas decisões existenciais, uma vida feliz.

Para que isso faça mais sentido, é imprescindível que consigamos definir essa vida boa ou feliz. Em que consiste? Em função de quais critérios essa avaliação pode ser feita?

Se você for a campo e perguntar a uma amostra aleatória o que caracteriza uma vida boa, é possível que encontre como resposta, em meio a algumas nuances de originalidade, respostas bastante homogêneas, centradas no sucesso profissional, medido por recompensas econômicas e simbólicas, como reconhecimento, celebridade, glória, aplauso, legitimidade etc.

Sendo mais direto. Para um substancioso senso comum, um indivíduo que prosperou e é reconhecido, ficou famoso, teve uma vida bem-sucedida.

Ora, sendo assim, a educação deveria preparar para o sucesso, isto é, para o que a sociedade premia, seja em termos econômicos, seja em termos simbólicos.

O problema é que, embora muito repetida, essa não é a única forma ou o único modo de responder a essa pergunta.

Em outras palavras, não há nenhuma garantia de que o que a sociedade premia economicamente e simbolicamente corresponda a uma vida boa ou mesmo à melhor das vidas possíveis.

Talvez por isso Platão tenha afirmado:

“Não eduques as crianças nas várias disciplinas recorrendo à força, mas como se fosse um jogo para que também possas observar melhor qual a disposição natural de cada".

Ora, o objetivo da educação aí é a observação da natureza de cada um. A observação da especificidade da natureza do educando, entendendo que só uma vida alinhada com a natureza de cada um poderá ser uma vida feliz.

E o que será exatamente uma vida alinhada com a natureza de cada um?

É uma vida em que cada um explora o que faz de melhor, o que tem de melhor, aquilo que costumamos chamar dos nossos talentos.

Assim, Sócrates viveu pensando e ensinando a pensar. Viveu pobremente, do ponto de vista econômico. Não era miserável de passar fome. Mas estava longe de ter algum conforto material.

Sócrates acabou condenado à morte. Não recebeu da sociedade um tratamento muito carinhoso. Sem prosperidade e sem reconhecimento, portanto. Ainda assim, Sócrates terá vivido uma vida exuberante porque viveu de acordo com a sua natureza.

Da mesma forma, quem tem talento para explicar não recebe polpudos salários, nem aqui nem em lugar nenhum do mundo, com louváveis exceções.

O docente não é reconhecido, não é legítimo, não é aplaudido.

Em algumas sociedades contemporâneas e, ainda assim, primitivas, o professor é agredido e morto em pleno exercício de sua função. Nada impede, todavia, que, por ser explicador e ter vivido de acordo com seus talentos e propósitos, tenha tido uma existência exuberante.

Para o desespero de tiranos opressores e truculentos, que sempre viram na escola e no pensamento livre e altivo a maior ameaça a seus desmandos.

Amigo de verdade

Quando pensamos em amizade, amizade verdadeira, temos o hábito de associá-la a desinteresse. Até porque a amizade por interesse é malvista, malfalada, considerada negativa. Coisa de gente interesseira. A verdadeira amizade seria aquela em que não há interesse algum. Amigos de verdade não fazem do outro mero instrumento da própria satisfação.

Perguntamos:

Será pertinente, ou mesmo possível, imaginar uma relação entre pessoas, como é a relação de amizade, completamente higienizada de todos os apetites, desejos, ambições, inclinações e egoísmos de todo tipo?

Vamos pôr os pés no chão e descer ao mundo da vida. Essa de carne e osso que tem nos tocado encarar há um bom tempo.

Cogitemos um primeiro cenário.

Suponhamos que você tenha um amigo com quem gosta de jogar bola uma vez por semana. É aquele seu amigo do futebol de quarta à noite.

Você adora esse momento de atividade física e relaxamento. Um entretenimento do qual você não abre mão, a despeito das insistentes lamúrias de familiares não envolvidos no joguinho.

Essa amizade parece vinculada ao prazer que você sente jogando bola com o amigo. Veja só, há aí um interesse. O do prazer trazido pelo jogo, que só é tão legal por conta da presença do amigo. Aliás, alguma forma de prazer costuma estar lá no fim de todo interesse que possamos manifestar.

Da mesma forma, esse seu amigo também desfruta muito da sua presença, tendo, como você, todo interesse em que a rotina futebolística se conserve.

Suponhamos agora um segundo cenário.

Um amigo sempre te explica a matéria da prova. Muitas vezes, em situação de desespero, minutos antes de o professor passar as questões. Eis aí um outro interesse: em ter por perto alguém tão antenado com os conteúdos escolares.

E esse alguém, que tem um perfil meio tímido, calado, adora quando você lhe pede para explicar a matéria. Para ele, trata-se de um raríssimo e precioso momento de interação na escola. Também tem interesse em ter alguém tão desligado desses conteúdos e tão necessitado de explicações urgentes.

Ainda nesse cenário, esse seu amigo nerdoca também volta com você a pé para casa, porque são vizinhos. Faz companhia. Legal, né? Mais um interesse. Em ter sempre alguém que não te deixa se sentir só. Você que, quando não tem ninguém para conversar, entra em parafuso.

E ele, por sua vez, também curte voltar com você. Não tanto pela solidão. Mas porque tem medo de andar na rua. Sobretudo quando as aulas vão até tarde e a volta é sem a luz do dia.

Um terceiro cenário.

Sou muito amigo da minha professora de italiano. Damo-nos muito bem, obrigado. Conversamos sobre assuntos diversos. Curtimos as aulas. Mas ela conta com meu pagamento, e eu, com o aprendizado do idioma. Existe, sim, interesse misturado na amizade.

Antes que o leitor comece a ficar desagradado com a insistência nessa tecla do interesse na amizade, admitamos sem resistências que muitas amizades vão além desse interesse.

Até porque, se assim não fosse, a relação seria frágil demais.

Retomando os cenários anteriores.

O amigo do futebol deixaria de sê-lo completamente numa eventual impossibilidade da reunião das quartas. O explicador perderia completamente o amigo se mudasse de sala, ou de endereço. E a professora de italiano deixaria de ser amiga também completamente quando eu obtivesse a proficiência na língua de Dante.

Cabe-nos, então, destacar outros aspectos da amizade que não sejam propriamente interessados.

Na amizade pode haver admiração. Admiração por atributos do amigo. Admiração pelo que é, pelo que faz, pelo que diz, pelo que representa, pelo que já fez, pela sua trajetória. Algum atributo claramente positivo.

O leitor se dá conta de que esse elemento da amizade, a admiração, é menos frágil do que os interesses de circunstância. Afinal, a admiração não desaparece com o fim do futebol, com a mudança de endereço ou com o fim do curso.

Por outro lado, ela pode ser tênue, discreta. Pode até, no limite, nem existir.

Com efeito.

É possível pensar num amigo, pessoa que nos faça bem, que esteja sempre por perto, que nos agrade, que esteja junto, cuja falta venhamos a sentir, seja objeto de uma avaliação francamente negativa do modo como vive, de suas ideias, de como procede, do como educa os filhos e assim por diante.

Por isso, perceba, querido leitor amigo, essa coisa de definir a amizade não é lá muito simples.

Eu, de minha parte, costumo identificar nas relações de amizade algo de parecido com a relação que temos com o dinheiro.

Imagino que essa afirmação traga estranhamento. Afinal, você sempre ouviu falar que o dinheiro não tem nada a ver com amizade.

Calma, eu vou me explicar.

Por que razão a relação com um amigo pode ter a ver, sim, com a relação que temos com o dinheiro?

É fácil de entender.

No caso do dinheiro, sabemos que ele está lá e sabemos o valor que tem. Assim, você sabe que dispõe de tanto na conta e sabe o valor que o dinheiro tem, mesmo antes de precisar dele. Portanto, é um recurso que poderá ser usado por você, ou não. Mas cujo valor você conhece.

E que valor é esse? É um valor de disponibilidade, é um valor instrumental, é um valor de estar ali. Podemos contar com o dinheiro que é nosso, nos limites do seu montante.

Ora, com o amigo acontece parecido.

Nós sabemos da sua disponibilidade. Que ele estará ali para quando precisarmos. Sabemos também das condições e dos limites dessa disponibilidade, dos recursos que pode mobilizar e do que poderemos dispor.

Veja. Tal como o dinheiro, o amigo está lá. Sabemos que está disponível e sabemos dos seus limites. Por isso, há, sim, uma semelhança entre um amigo e uma conta bancária.

Refletir sobre a amizade sempre me encanta. É tema sobre o qual já se falou muito. Mas que nos dias que correm não se encontra em voga. Sobretudo numa sociedade como a nossa, que valoriza muito o pensar sobre si mesmo.

Deus te abençoe!

A palavra "abençoado" vem, como é óbvio, de bênção.

Essa, por sua vez, tem a ver com dádiva de Deus, presente de Deus, graça oferecida por Deus.

Curioso, porque tudo isso faz pensar em uma coisa boa. Aprendemos que Deus é amor. Que é bom. Logo, quer o nosso bem. Ora, se Deus quer mesmo o nosso bem, seu presente para nós só pode ser uma coisa boa.

Assim, aquele que é abençoado deve receber uma ajudinha, um empurrãozinho, uma vantagem em relação ao que estava rolando até então.

Alguns exemplos para que tudo fique nos trinques.

Pensamos num indivíduo abençoado quando ele tem um filho ou filha saudável. Quando se casa com uma pessoa do bem. Por amor. Quando consegue realizar no trabalho aquilo que faz de melhor, desenvolver o seu talento e ser reconhecido por isso. E tudo isso só se tornou possível graças à intervenção de Deus.

Em suma, a bênção de Deus só pode trazer essas e outras coisas muito boas.

Eis que Edgar Allan Poe, escritor genial, chega para causar. Bagunçar nossas crenças. Sacudir nossas certezas.

Afirma de pé junto e peito aberto que "nunca ter sofrido" significa "nunca ter sido abençoado". Sugere, portanto, que o sofrimento é uma bênção.

Para deixar mais claro, suponho que ele esteja querendo dizer o seguinte: para haver bênção, tem que haver sofrimento. Portanto, toda bênção tem sofrimento.

O que não autoriza inferir o inverso. Por isso, supomos, ainda segundo o famoso escritor, que nem todo sofrimento seja abençoado. Até porque há causas concorrentes. Como a ação do demônio, por exemplo, que, segundo dizem os entendidos, também pode fazer sofrer.

Edgar vai além. Garante que o sofrimento é um elemento muito importante de toda bênção. Tão importante que, sem ele, seus outros elementos constitutivos perdem todo o valor.

Ficamos assim com duas considerações relevantes do escritor. Sem sofrimento, bênçãos não existem. Sem sofrimento, nada mais nas bênçãos tem valor.

Em outras palavras, não terá sido abençoado aquele que nunca tiver sofrido. Para ser mais fiel à afirmação do escritor, "nunca ter sofrido é nunca ter sido abençoado".

Portanto, se você só recebeu de Deus benesses, dádivas, existência em situações confortáveis, agradáveis, tranquilas, amenas, potencializadoras e prazerosas, saiba que nada disso configurou propriamente uma bênção. Foi outro tipo de dádiva divina.

Se tia Raimunda, na maternidade, em visita a você, sua sobrinha, que acaba de parir, afirmar, ante o lindo bebezinho, algo do tipo "que bênção", ou ainda "que Deus abençoe", de duas, uma: ou está profetizando o sofrimento que está por vir ou augurando dias nefastos para a jovem família.

Em contrapartida, sempre segundo o escritor, se você nasceu lindo ou linda e é feliz por isso, saiba que nada disso foi bênção. Se nasceu inteligente e é feliz por isso, menos ainda. Se prosperou rogando a Deus, valor zero de bênção. Nem carece agradecer.

Dando mais um pouco de linha à pipa, concluímos que bênção de verdade é quando você nasce todo torto e é vítima de chacota na escola, desde o jardim da infância. Quando uma enchente destrói as conquistas de uma vida. Quando um filho morre atropelado bem na frente dos pais.

Aí, sim.

Meus leitores. Se o tal Edgar tiver razão, atrevo-me aqui a uma heresia das feias. Augurar que Deus nunca te abençoe. Porque a vida por ela mesma, no mundo que é esse aí onde você foi jogado e ainda se encontra, já é suficientemente angulosa e perfurante para precisar de aditivos divinos abençoados.

Mas nada disso parece fazer muito sentido. Temos de encontrar uma saída para essa tese tão intrigante. Eu só vejo uma. Se esse sofrimento trazido pela bênção divina não for ruim.

E você, agitado, levanta a mão e protesta:

– Mas como pode um sofrimento não ser ruim? Um sofrimento que não é ruim, por óbvio, não é um sofrimento.

Talvez o escritor esteja se referindo a um sofrimento bom, positivo, potencializador, necessário para uma vida boa; um engrandecimento da alma, um caminho para a santidade.

Você torce o nariz.

Vamos tentar um exemplo bem ao alcance de todos. Você não concorda que ir ao dentista pode ser sofrido? Ótimo. Mas sabe que se não for pode ser pior, certo? Ora, eis aí um exemplo de sofrimento bom.

Só desse modo conseguimos conciliar um Deus que é a suma bondade com uma bênção eivada de sofrimento.

Em outras palavras, verdadeiras bênçãos, as preciosas, augustas, brilhantes, lindas, as melhores para a nossa vida, nunca serão completamente desgarradas de algum sofrimento.

Sofrimento que as legitima, que as enobrece, que as valoriza, que as torna verdadeiramente valiosas, preciosas e positivas.

Vamos, então, juntos com Edgar Allan Poe.

Afinal de contas, graças a sua tese, tornamo-nos muito, mas muito abençoados. Falo por mim. Se bênção é sofrimento, sou dos filhos preferidos do criador. Um verdadeiro xodó. Nasci abençoado e fui abençoado a vida toda. Diariamente. De noite também. Hora a hora. Minuto a minuto.

E se o leitor não quiser vir comigo nessa, porque não se vê como um sofredor de carteirinha, saiba que acabou de perder a chance de merecer as bênçãos de Deus, condição para paraísos vindouros.

Depois não diz que eu não avisei.

Agora, se quiser mandar o tal Edgar às favas, fique à vontade. Aqui ninguém precisa concordar com nada, nem com ninguém.

Esta foi a nossa reflexão. A derradeira desta coletânea. Obrigado pela carona. Pela companhia. Pela confiança. Pelo aplauso. Mas também pelas críticas, vaias e apupos. Sem esses, não há crescimento.

E saiba, todo revés da vida, se não matar, acaba por fortalecer, por gerar casca, torna-se escudo para reveses vindouros.

Como dizia dona Geni, minha bondosa avó, o que não mata, engorda. Dos tempos em que ser gordo era bom.

Valeu!